새로운
무의식 세계로의 탐험

이훈구 저

학지사

머/ 리/ 말

　저자는 무의식 세계를 보다 광범위하게 정의해야 한다고 주장한다. 프로이트는 무의식 세계를 본능의 세계로 좁혀 설명했다. 그러나 사실 인간의 많은 행동은 본능에 의한 것(즉, 무의식)도 아니고 그렇다고 우리가 의식적으로 행한 것도 아니다. 예컨대 우리의 수많은 모방, 습관행동은 우리가 이를 의식하여 행하는 것이 아니고 대부분 무의식적 또는 자동적으로 수행하는 행동이다.

　우리 속담인 "세 살 버릇 여든까지" "흉보면서 닮는다."라는 말은 심리학적으로도 옳은 말이다. 한 번 길든 버릇은 의식적으로 고치려 해도 고쳐지지 않는다. 또 아버지를 닮지 않으려 안간힘을 써도 역부족이다. 이는 아버지의 언행이 무의식적으로 자신에게 각인되기 때문이다.

　최근에 사회심리학에서 우리의 정보처리가 자동적으로, 우리의 의도와 상관없이 처리된다는 놀라운 사실이 밝혀졌다. 지금까지 인지심리학자들은 우리의 정보처리가 의식적이라고 주장했는데 이를 사회심리학자가 반증한 것이다. 그 원인은 우리 뇌에 이미 수많은 정보가 연결고리로 이어져 저장되어 있기 때문이다. 그래서 우리는 '의사' 라는 단어를 지각하면 무의식적으로 '간호사'

또는 '병원'을 연상한다. 또 우리는 뇌의 에너지를 아껴 쓰기 위해 중요하지 않은 정보는 대충대충 처리하는데, 이 때문에 정보를 무의식적 또는 비의도적으로 처리한다.

　이 책은 우리의 나쁜 습관이 어떻게 무의식적으로 형성되는가를 설명하고, 그것을 교정하는 방법을 제시하였다. 더불어 우리가 목표를 어떻게 세우고 어떤 방식으로 수행하면 성공할 수 있는지 예를 들어 설명하였다.

　이 책은 일반인들이 이해하기 쉽게 씌어졌지만 그 내용은 심리학 전공자에게도 필요한 것이다. 특히 최근 사회심리학에서 활발하게 연구되고 있는 무의식적 또는 비의도적 정보처리에 관한 연구 분야를 쉽게 이해하는 데 도움이 될 것이다.

　현재 우리나라의 경제 불황이 출판업계에도 불어 닥쳐 출판계가 어려움을 겪고 있다. 이런 와중에 저자의 책을 출판해 준 김진환 사장님과 편집진에게 심심한 사의를 표한다.

2015년 5월

이훈구

차 례

01

프로이트의 무의식

01
프로이트의 무의식

우리는 모든 일상생활을 자의식(自意識) 하에 행한다고 믿어 왔다. 그러나 프로이트(Freud)는 우리에게 무의식 세계가 있고 이 무의식계가 우리의 정신생활은 물론 일상생활에도 큰 영향을 준다고 주장하여 세상을 떠들썩하게 만들었다.

프로이트가 무의식계를 중요하게 생각하게 된 것은 신경증 환자를 치료한 후부터였다. 신경증 환자의 병 원인을 밝혀내기 위해 그는 환자에게 최면을 걸고 환자가 과거에 경험한 정신적 충격을 회상하게 하였다. 환자는 어렸을 때 겪은 성적 학대나 부모와의 갈등 등을 회상해 냈다. 환자가 최면을 통해 평소에 의식하지 못했던 과거 외상(外傷)을 회상하고 나니 환자의 신경증상은 몰라보

게 개선되었다. 이 결과를 토대로 프로이트는 우리에게는 각자 일
상생활에서 의식하고 있지 않은 무의식 세계가 있고 이 무의식 세
계가 우리의 정신과 행동을 지배한다고 주장했다.

프로이트는 무의식계란 억압된 충동, 특히 성적 본능과 공격성
이 밀폐되어 있는 곳이라고 생각했다. 무의식계에 머물러 있던 본
능은 낮에는 잠복하고 있는데 밤에 초자아와 자아가 잠든 사이에
꿈으로 나타난다. 따라서 정신과 의사는 환자에게 최면을 걸거나
환자가 자주 꾸는 꿈을 분석하면 그 환자가 고민하고 있는 정신과
적 문제가 무엇인가를 해명(解明)할 수 있다.

프로이트는 우리가 정신과적인 문제를 갖게 되는 원인을 우리
의 표출할 수 없는 성적 욕망이나 공격성이 무의식 세계로 추방되
고 이것이 적절히 해소되지 못해 비정상적으로 우리 생활에 표출
되는 탓으로 돌렸다.

프로이트의 무의식 세계는 정신과학, 심리학뿐만 아니라 문학,
예술에도 큰 영향을 미쳤다. 미술의 경우 프로이트의 무의식 세
계 이론은 당시 득세하고 있었던 사실주의를 뒤엎고 무의식 세계
와 꿈의 세계를 지향하는 새로운 예술사조를 등장시켰다. 특히
과거의 모든 예술형식과 가치를 부정하는 '다다이즘'을 태동시
키고 이성의 지배를 받지 않는 공상, 환상의 예술, 즉 초현실주의
(surrealism)를 탄생시켰다(권영걸, 2014).

그동안 무의식 세계는 주로 정신건강 의사나 임상심리학자들이
프로이트식의 정신구조를 설명하기 위한 목적으로 이용되었다.

심리학의 다른 분야에서는 프로이트식의 무의식 세계에 대해 수수방관하는 태도를 취했다. 그 이유는 프로이트의 무의식 세계를 과학적으로 연구하기가 어려웠기 때문이다. 그러다 1970년대 이르러 인지심리학과 사회심리학에서는 무의식 문제를 다른 각도에서 조명하기 시작했다. 새로운 각도에서 보는 무의식 세계는 이 책의 1장을 제외한 모든 장에서 자세히 다루기로 하고 여기서는 프로이트의 무의식 세계만을 조명할 것이다.

프로이트의 정신세계와 무의식

프로이트는 우리의 정신구조가 세 가지로 구성되어 있다고 주장했다. 첫째는 본능(id), 둘째는 자아(ego), 그리고 셋째는 초자아(super ego)다. 우리의 성욕, 공격성 등이 본능의 주요 내용물이다. 이 본능은 언제든지 그 목적을 달성하려고 애쓴다. 본능이 충족되어야 우리가 만족하기 때문이다.

그런데 본능이 언제 어디서나 그 목적을 추구할 수는 없다. 우리는 상황, 남의 이목 등을 살펴야 한다. 예컨대, 6개월 된 유아는 초콜릿을 보면 먹겠다고 앙탈을 부린다. 그런데 자아가 형성된 어린아이는 손님에게 내놓은 초콜릿을 자기가 가로챌 수 없다는 것을 안다. 본능이 요구하는 대로 초콜릿에 손을 댔다가는 어머니의 따가운 눈총을 받는다는 사실을 자아가 알기 때문이다. 이래서 아이는 손님이 돌아갈 때까지 본능을 억제한다. 이렇게 자아는 현실 감각이 있어 본능의 목적 달성을 억제하거나 연기하게끔 조처한다. 한편, 초자아는 부모가 가르쳐 준 양심이다. 아동이 제멋대로 행동하지 못하고 거짓말을 하지 않고 부모 말을 잘 듣는 것은 초자아의 압력 때문이다.

자아는 본능과 초자아 사이에서 조정자 역할을 한다. 자아는 본능이 어린애처럼 자기 하고픈 대로 하는 것을 다독이고 초자아의 위협을 알려 우리로 하여금 부모의 말을 따르고 법과 도덕을 지키도록 한다. 그러나 자아는 어디까지나 본능 편이다. 초자아가 무조건 본능의 욕구를 억압시키므로 자아는 어쩔 수 없이 초자아의 눈치를 보아 본능을 억제시키지만 틈만 나면 본능의 편을 들어 본능의 만족을 가능하도록 돕는다.

본능, 자아, 그리고 초자아 간의 힘겨루기 때문에 무의식 세계가 전개된다. 우리는 자신의 마음 흐름을 인식하고 현실은 물론 미래까지 설계한다. 현실을 지각하고 미래를 계획하는 것은 바로 우리의 의식 세계에서 일어난다. 그런데 앞에서 본 바와 같이 프로이트는 우리의 의식이 힘이 미치지 못하는 무의식 세계가 있다고 보고 그 증거로 꿈을 예로 들었다. 프로이트는 꿈은 허황된 것이 아니고 심리학적인 의미, 즉 무의식적 욕망이 담겨 있다고 주장한다. 한 예를 들어 그의 꿈 이론을 설명해 보자.

어떤 시어머니 밑에서 고된 시집살이를 하는 며느리가 있다. 며느리는 시어머니를 죽도록 미워한다. 그래서 시어머니가 제발 일찍 죽어 버렸으면 한다. 그러나 시어머니는 자기보다 더 건강해 일찍 죽을 것 같지 않다. 그래서 며느리는 스트레스가 쌓인다. 그러나 한편 며느리는 시어머니가 죽기를 바라는 자신을 보고 깜짝깜짝 놀랄 때가 있다. 그 이유는 며느리가 시어머니를 잘 모셔야 한다는 양심, 즉 초자아의 질책이 있기 때문이다. 그래서 며느리는 시어머니에 대한 분노를 마음속 깊은 곳으로 쫓아 버린다. 즉, 시어머니에 대한 분노는 무의식 세계로 쫓겨 밀려나게 된다.

그러나 자아가 쫓아 버리고 억압한 무의식적 욕망은 영원히 사라진 것이 아니다. 틈만 나면 언제든지 의식 세계로 나타나려 한다. 그러나 초자아와 자아가 눈을 부릅뜨고 감시하고 있기 때문에 일상생활에서는 잘 나타나지 않고 흔히 비현실적인 방법으로 나타난다. 그 한 가지 방법이 우리의 꿈을 통해 나타나는 것이다. 앞의 며느리의 경우 시어머니에 대한 분노가 어떻게 꿈으로 나타나는지를 살펴보자.

며느리가 깊은 산속을 걸어가는데 앞에 구미호가 나타났다. 며느리는 '큰일 났구나. 이제 꼼짝없이 여우에게 물려 죽게 되었구나.' 하고 벌벌 떨었다. 그런데 주위를 살펴보니 길가에 몽둥이 하나가 뒹굴고 있다. 며느리는 그 몽둥이를 들어 젖 먹던 힘까지 동원해 그 구미호의 정수리를 향해 힘껏 내리쳤다. 그랬더니 구미호가 '깨갱' 하고 비명을 지르며 네 다리를 쭉 뻗고 죽었다. 며느리는 자기도 모르게 깜짝 놀라 꿈을 깼다. '참 이상한 꿈도 있네.'라고 식은땀을 흘린 며느리는 놀라기는 했지만 왠지 마음이 후련했다.

며느리는 왜 이런 꿈을 꾸었을까? 그리고 왜 기분이 후련했을까? 꿈속의 구미호가 바로 시어머니였기 때문이다. 평소 며느리가 미워한 시어머니가 구미호로 나타났고 며느리는 죽기를 바랐던 시어머니를 꿈속에서나마 죽이고 나니 기분이 후련했던 것이다. 즉, 꿈은 며느리가 각색하고 연출한 것이다. 시어머니를 구미호로 가장한 것은 며느리의 자아와 초자아를 속이기 위한 것이다. 꿈속에서라도 시어머니를 시어머니 모습 그대로 출연시킨다면 자아와 초자아에게 들킬 가능성이 있으므로 자아와 초자아의 눈을 속이기 위해 구미호로 변장시킨 것이다.

프로이트는 우리가 자신의 꿈을 이해하지 못하는 것은 꿈이 바로 무의식적 욕망의 표현이고 이것이 흔히 가장(假裝) 또는 변모되어 나타나기 때문이라고 주장한다. 따라서 프로이트는 꿈을 정신분석하면 꿈을 꾼 사람의 무의식적 욕망을 분석할 수 있다고 주장한다.

앞서 말한 바와 같이 프로이트는 무의식 세계란 우리의 이드, 즉 본능이 활약하는 세계다. 개인이 자기의 신분상, 체면상, 그리고 역할 때문에 일상생활에서 표현하지 못하고 무의식 세계로 쫓아 버린 질투, 미움, 분노, 적개심, 공격성, 성적 욕망 등등 다양한 본능이 자리 잡고 있는 곳이 바로 무의식 세계다.

프로이트는 무의식적 욕망이 꿈이 아닌 우리의 일상 행동에서도 가끔 나타난다고 주장한다. 그는 우리의 실언(失言)과 실수에는 흔히 무의식적인 욕망이 반영되어 있다고 주장한다. 예컨대, 어떤

사람이 친구에게 거액의 돈을 빌려 주었는데 그 친구가 돈이 있는
데도 불구하고 차일피일 미루며 돈을 갚지 않는다고 하자. 화가
난 그 사람은 친구에게 휴대 전화로 문자를 보내는데 "나한테 빌
린 돈을 내일까지 꼭 돌려 죽기를 바란다."라고 찍어 보낸다. 왜
이 사람이 '돌려 주기를'이라고 써야 하는데 '돌려 죽기를'이라고
잘못 찍었을까? 프로이트에 따르면 이것은 실수이지만 의미가 있
는 실수다. 그 사람은 친구의 행동이 너무 괘씸해 친구가 '죽기
를' 바랐고 그것이 실수라는 행동을 통해 표현된 것이다.

　프로이트의 정신분석 이론은 오늘날 심리학계에서 그대로 다
인정받고 있지 않다. 그가 인간의 성격 발달을 성적 욕망과 연결
시켜 설명한 것은 오늘날 거의 거부되고 있다. 예컨대, 그는 아동
의 성격 발달이 구순기, 구강기, 오이디푸스 콤플렉스기 등을 거
쳐 발달한다고 주장한다. 그리고 아동의 원만한 성격 발달은 아동
이 구강만족, 항문만족, 그리고 아버지와의 성적 경쟁상의 원만한
해결이 있어야 정상인으로 성장한다고 말한다. 오늘날 심리학에
서는 유아나 아동이 부모와 원만한 애착을 형성해야 한다고 역설
하고 있다. 즉, 어렸을 때 부모와 자식 관계가 아주 중요한 것이다.
그러나 이 관계를 꼭 성적인 문제와 연관시켜 설명하는 프로이트
식의 해석은 거부한다.

　그러면 현대 심리학에서는 프로이트의 꿈의 분석을 어떻게 평가
하고 있는가? 최근 심리학자들이 꿈을 과학적으로 연구하기 시작했
다. 피험자의 머리에 여러 가지 전극을 설치하고 잠을 자게 한다.

그리고 그가 꿈을 꿀 때마다 깨워 언제 어떤 내용의 꿈을 꾸는가를 연구했다. 연구 결과에 따르면 꿈은 REM(Rapid Eye Movement) 시기에 꾼다는 것이 밝혀졌다. REM 시기란 우리가 잠을 자기 시작한 때부터 약 2~3시간 후에 깊은 잠에 빠지는 시기로 이때 우리의 눈동자가 좌우로 빨리 움직인다. 그때 우리가 꿈을 꾸는데 그래서 심리학자들은 꿈을 '눈동자의 빠른 운동' 잠, 즉 'REM' 잠이라고 부른다. 꿈은 우리의 숙면에 도움이 된다는 것이 밝혀졌다. 즉, 꿈을 꾸어야 우리의 잠이 길게 연장된다. 만일 꿈을 꾸지 않으면 잠이 금방 깬다.

그러면 꿈의 내용은 프로이트가 주장한 것과 같이 무의식적 욕망의 표현인가? 이 물음에 대한 답은 '그렇기도 하고 아니기도 하다'다. 그렇게 말하는 근거는 우리가 평소에 가지고 있던 간절한 욕망, 바람, 희망이 꿈에 자주 나타나기 때문이다. 예컨대, 고3 학생들이 자주 꾸는 꿈은 시험에 낙방하거나 합격하는 꿈이다. 마찬가지로 사업에 실패한 사람들은 복권에 당첨되거나 벼락 부자가 되는 꿈을 꾸는 경우가 많다. 그리고 앞의 며느리의 예와 같이 억압된 공격성이 가장되어 나타나는 경우도 있다. 그래서 프로이트가 말한 꿈의 세계가 우리의 무의식적 욕망을 나타낸다는 주장은 그 일부는 맞다.

반면, 꿈이 무의식적 욕망의 표현이라고 잘라 말할 수 없는 연구 결과도 무수히 많다. 피험자를 대상으로 실험실에서 잠을 자게 하고 REM 시기에 피험자를 깨워 방금 꾼 꿈의 내용을 진술하게 했더니 대부분의 사람은 그들이 낮에 하던 일, 즉 일상 행동을 보고했다. 예컨대, 꿈속에서 사람들은 무심코 거리를 걷고 남의 이야기를 듣고 책을 읽고 있었다. 그래서 오늘날 정신건강의는 전적으로 환자의 꿈을 토대로 환자의 정신분석을 하지는 않는다. 그렇다고 정신건강의가 환자의 꿈을 전혀 도외시하지도 않는다. 그 이유는 환자가 자주 꾸는 꿈은 바로 환자가 가진 주요한 정신과적인 갈등 문제를 내포하기 때문이다.

⚡ 자아의 방어기제

현대 심리학자가 프로이트의 정신분석 이론에서 높이 사고 있는 것 중의 하나는 바로 자아의 방어기제다. 자아방어기제(ego defense mechanism)란 자아의 욕구가 좌절되면 심한 불만과 고통을 갖게 되는데 이런 자아를 보호하기 위해 우리가 취하는 방어적인 행동을 말한다. 자아방어기제는 의식적이기보다는 무의식적이다. 자아의 욕구, 즉 우리의 위신과 자존심이 공격을 받으면 우리는 위신과 자존심을 보호하기 위한 여러 가지 행동을 취하는데 이는 자동적으로 그리고 무의식적으로 행해진다.

자아방어기제는 우리의 자아를 보호해 주므로 근본적으로는 우리의 정신건강을 지켜 주는 보호 행동이다. 그러나 자아방어기제를 남용하거나 이에 고착될 때 오히려 자아의 건전한 발달이 저해

된다. 예컨대, 우리가 시험을 치를 때마다 실패하고 이때 우리의
자존심을 유지하기 위해 '나는 운이 나빴다.' '시험채점이 불공정
했다.'고 자신을 '합리화'하는 것은 한두 번쯤은 용인될 수 있다.
그러나 매번 이렇게 실패를 합리화하는 것은 자기 성장에 역행하
는 것이다. 따라서 우리는 자아방어기제를 적절히 활용해야 한다.
이제 아래에 열세 가지 자아방어기제의 종류를 설명할 것이다. 독
자들은 각 방어기제를 잘 읽어 보고 그중 자신이 자주 사용하는
방어기제가 무엇인지를 살펴보라. 그러면 자신의 자아가 어떤 식
으로 스트레스를 받고 있는지 그리고 그것을 자신이 어떤 식으로
방어하는지를 심리학적으로 진단할 수 있다.

전위

어떤 감정을 표시하는 것이 곤란하거나 금지될 때, 이 감정은
다른 사물이나 관념으로 방향을 바꾸어 나타나게 된다. '상관에게
서 받은 모욕을 자기 아버지에게 화풀이한다.' '애기를 낳지 못하
는 여자가 개를 사랑한다.' '애인을 만나지 못한 사람이 그 연인에
게서 받은 편지나 물품을 만져 보고 즐긴다.' '부모를 일찍 여읜
형제들이 큰 형이나 맏누이에게 존경과 사랑을 바친다.' 이렇게
어떤 감정의 표현을 다른 곳으로 방향을 바꾸어 표현하는 것을 전
위(displacement)라 한다.

보 상

보상(compensation)이란 사람이 자기가 불완전하고 어떤 곳에서 부적합하다고 느껴서 그 열등감을 만회하려고 어떤 대상적(代償的)인 활동을 하는 것을 말한다. 이런 활동은 직접적인 것, 간접적인 것, 그리고 좋은 방향의 것, 나쁜 방향의 것 네 가지로 분류할 수 있다.

직접적인 보상 활동은 자기의 열등한 점을 직접적으로 개선하려는 활동이다. 예를 들어 보자. '신체가 약한 학생이 열심히 운동을 한다.' '뚱뚱한 처녀가 밥을 하루 한 끼씩 먹고 체중을 감소하려 한다.' '머리가 우수하지 못한 의학도가 밤을 새고 공부하여 좋은 성적을 얻는다.' 이것은 모두 직접적인 보상 활동이다.

간접적인 것은 어떤 면에서 열등감을 느끼고 그 열등감을 다른 면에서 만회하여 위신을 찾으려는 활동이다. '얼굴이 못생긴 여학생은 공부에만 열중하고 낙제생은 운동에만 전력한다.'

보상 활동이 좋은 방향으로 또는 나쁜 방향으로 나타나는 것은 개인이 자기 만족을 위해 어떤 방법을 택하고 그것이 그의 사회적 적응에 어떤 효과를 초래하는가에 따라 달라진다. 좋은 방향의 보상 활동은 그 활동이 자신에게 진보와 이익을 줄 수 있고 남에게 해가 되지 않는 활동이다.

여기서 문제가 되는 것은 나쁜 방향의 보상 활동이다. '키가 작은 사람은 흔히 공격적이고 지배적으로 되는 경향이 있고 멸시를 받는 학생이 괴상한 옷을 입고 다니고 이상한 행동을 잘한다.' 정

신병 환자는 열등감이 불안으로 바뀌어서 자기를 왕으로 또는 신
으로 착각하는 환상 또는 망상을 갖기 쉽다.

반동 형성

표시할 수 없는 어떤 충동이나 사회적으로 용납될 수 없는 욕
구는 숨기거나 억압해야 한다. 그러한 충동이나 욕구를 숨기고
그것을 변모시키려는 조정 작용이 나타난다. 이러한 조정 작용은
흔히 본래의 동기와 반대되는 행동을 보인다. 억압으로 인하여
본래의 동기와는 반대되는 행동을 보이는 것을 반동 형성(reaction
formation)이라 한다. "미운 아이 떡 하나 더 준다."라는 속담이 있
다. 밉다는 감정을 표시하지 말아야 하고 억눌러야 하기 때문에
오히려 반대의 행동으로 떡을 하나 더 주게 된다. 아주 얌전만 빼
는 처녀의 행동은 창피스런 성 충동에서 자기를 방어하려는 노력
이다. 마찬가지로 지나치게 도덕적인 사람은 본래 부정직하고 비
행 성향이 많은데 이것을 억압하여 반동 형성을 한 결과 도덕적으
로 됐다고 얘기할 수 있다. 자기한테 너무 친절한 사람도 실은 자
기에 대한 적개심의 표현이 아닌가 의심해 볼 여지가 있다.

합리화

자기의 옳지 못한 행동이나 타당치 못한 생각을 정당화하고 합

리화(rationalization)하려는 행동을 말한다. 따라서 사람들은 이 합
리화를 통해 자존심을 유지하고 죄악감을 해소할 수 있다. 우리의
행동은 어떤 뚜렷한 동기에 따라 심사숙고한 후에 행하는 것이 옳
겠지만 실제로 이런 지적, 자각적 행동은 드물고 자기도 깨닫지
못한 동기에 의하여 행동하는 때가 대부분이다. 따라서 행동이 있
은 후 그 행동한 이유를 공식화하고, 깨닫지 못한 동기와 행동에
대해 합리적인 변명을 하게 된다. '실패는 성공의 어머니'라는 속
담도 합리화의 한 예다. 이솝 우화에서 여우가 손이 자라지 않아
따 먹을 수 없는 포도를 신 포도라고 단정한다. '성적 나쁜 학생은
선생님이 자기를 미워한다'고 합리화한다.

합리화는 자존심을 유지하고 부적절한 경우에 합리화를 통해
자기 보호와 자위를 할 수 있으므로 정신건강에 좋은 기제다. 그러
나 이런 행동의 남용은 책임 회피와 행동의 신뢰성을 잃게 한다.

억 압

불안 그리고 용납될 수 없는 욕망, 충동, 생각 등에서 자기 자신
을 정신적으로 보호하기 위해 이들을 의식계에서 추방하여 무의
식계로 몰아넣어 버리는 작용을 억압(repression)이라 한다. 즉, 우
리의 불쾌한 관념, 위험한 생각, 노골적인 성적 충동, 적개심은 직
접적으로 표현되는 것이 금지되므로 무의식적으로 억압당하게 된
다. 흔히 하기 싫은 일은 잊어버리기 쉽고 불쾌한 기억은 회상되

지 않는다. 이들이 모두 억압당하여 무의식계로 배출된 것이 원인
이다.

억압 작용으로 인해 우리는 죄악감, 불안감, 자기 책임에서 자
신을 보호할 수 있으며 만일 모든 불쾌한 사실이 억압당하지 않고
의식계에 떠오르게 되면 심한 불안상태에 빠지게 된다.

승 화

사회적인 제약 때문에 억압당한 적개심, 성적 충동, 기타 충동
이 다소 변동이 일어나 사회적으로나 개인적으로 유익한 방향에
서 표현되는 것을 승화(sublimation)라고 한다. 정신분석에서는 성
적 에너지만이 승화의 요소라고 본다.

독신 여자의 모성애는 아동복지사업을 함으로써 승화된다. 흔
히 사람의 직업도 승화의 수단에 의한 것이 아닌가 생각된다. 잔인
하고 파괴적인 아이가 커서 식육점을 하게 되고 공격적이고 적개
심이 강한 사람이 운동선수, 외과 의사를 하게 되는 경향이 있다.

성적 욕구의 좌절은 예술로 승화된다. 이탈리아의 유명한 시인
단테(Alighieri Dante)가 길을 걸어가다가 베아트리체(Beatrice)라는
어여쁜 처녀를 만나게 되었다. 그는 첫눈에 반했으나 그녀는 신분
이 무척 높은 사람이었으므로 결합이 불가능했다. 베아트리체를
향한 단테의 애틋한 심정은 바로 유명한 시구로 표현됐고 따라서
그는 유명한 시인이 되었다.

상징화

우리의 억압된 욕구, 충동 등은 여전히 기회를 보아서 활동하려
하고 아직도 강한 힘을 가지고 있다. 그런데 의식계에서 직접적으
로 표현되는 것이 허용되지 않으므로 간접적인 방법으로 가장하
여 나타나는데 이 과정을 상징화(symbolization)라고 한다.

실체는 대상과 비슷한 점이 적거나 표면적인 것에 그쳐서 우리
가 상징의 의미를 모르게 되어 일상생활에서 간과하게 되는 경우
가 많다. 상징화의 표현은 무의식적인 언어라 볼 수 있다. 우리가
매일 꾸는 꿈은 일상생활의 사건이 상징화되어 나타나는 것이다.

말을 보고 지나치게 무서워하고 두려워하여 가까이 가지도 못
한다. 그런데 사실 그는 마가의 성을 가진 자기 친구에게 사기를
치고 피해 다니는 중이다. 지나치게 깨끗한 것을 좋아하는 사람의
행동은 이전에 저지른 불미스러운 사건을 감추려는 데에서 나오
는 경우도 있다. 상징의 표현은 개인의 의복, 태도, 언어 등 여러
가지에서 읽어 볼 수 있다.

대 치

처음에 기대했던 욕구가 만족되지 않았을 때 다른 조건에서 변
모된 만족을 채움으로서 불만과 긴장을 완화하려는 행동을 말한
다. 대체로 대치(substitution)는 고급의 기대에서 저급한 기대로 변

화는 것이 보통이다. '아이스크림을 사 먹고 싶은 아이가 돈이 모
자랐을 때 사탕으로 만족한다.' '자기가 사랑하던 애인은 보기 드
문 미인으로서 특히 눈이 배우처럼 예뻤다. 애인을 타인에게 뺏긴
뒤 눈이 큰 여자만 골라서 사귄다.'

대치로서 얻은 만족의 배경에는 흔히 불안이 있다. 겉으로는 만
족하고 불안과 긴장이 해소된 것처럼 보이나 사실은 불만이 내포
되어 있다.

투사

자기의 관념이나 욕구, 충동을 타인이나 다른 사물에 전이(轉移)
하는 행동을 투사(projection)라고 한다. 개인의 결점, 과오, 방해되
는 태도, 동기, 욕망 등은 우리에게 불안을 일으키는데 이 불안을
방어하기 위해 타인에게 방향을 돌리고 책임을 전가한다. 즉, 자아
가 비난을 받게 되는 것으로부터 자신을 보호하기 위한 행동으로
투사된 인물이나 사물은 바로 자신의 무의식적인 반향아(反響兒)라
고 생각할 수 있다. 에덴 동산에서 그들이 멸망하게 된 책임을 아담
은 이브에게, 이브는 뱀에게 각각 전가했다. 그러나 이때 책임을 추
궁하는 것은 타인의 과오를 탓하기보다 자신을 질책하기 위한 것
이다. '교육을 못 받고 출세하지 못한 부모들이 자식에게 기대를
건다.' '부도덕한 사람은 다른 모든 사람도 부도덕한 요소를 지니
고 있다고 주장한다.' '간통한 남편은 자기 부인이 다른 남자와 이

야기만 해도 무척 화를 낸다.'

동일시

자기의 욕구나 희망을 다른 사람, 사물에 연관시키고 동일시 (identification)함으로써 만족을 얻으려는 행동을 말한다. 자식들은 부모와 동일시한다. 전설 속의 영웅, 책, 영화 속의 주인공과 동일 시하여 유명해지고 싶은 자기의 욕구를 간접적으로 채운다.

'가정적인 S 여사는 대학시절부터 상당히 사회적인 활동을 동 경했다. 그러나 평범한 자기 남편과 결혼함으로써 소위 사회 인사 들과 어울릴 수가 없게 됐다. 그녀는 저명 인사들의 가족관계를 잘 알아보고 남과 얘기할 때는 저명 인사들의 가족 얘기를 함으로 써 마치 그들과 친척인 것처럼 가장한다. 그리고 저명 인사의 장 례식, 결혼식에는 빠지지 않고 열심히 참석한다.'

섭 취

타인에 대한 감정이나 관념이 자기의 자아 속에 합체(合體) 편입 되어 버리는 것을 말한다. 따라서 이 섭취(interjection)는 이차적 동 일시로 볼 수 있고 투사가 전도되어 내화(內化)된 것이라고 볼 수 있다.

사랑하는 애인이 죽었을 때 그녀에 대한 회상이 자주 반복되어

아직도 애인이 살아 있는 것처럼 느껴지고 그가 있는 것처럼 자기
도 행동을 한다. 타인에 대한 적개심이 자기에게 섭취되어 불안을
일으키게 되고 침울해진다. 적을 죽이려는 강렬한 의도가 섭취되
어 내화한 적개심으로 변질되는 경우 자살로 이끌리는 수가 있다.

퇴 행

　자기의 능력으로는 현재의 어려움을 처리할 수 없고 자신의 욕
망 역시 현 시점에서 도저히 충족될 수 없을 때 자기의 능력, 욕망
을 상실하고 정신적 · 육체적으로 아동기의 상태로 후퇴하는 행동
을 말한다. '항상 과거가 황금시대였다.'고 생각하고 이것을 동경
하는 것이 퇴행(regression)적인 사고다. 퇴행이 더 심하게 되면 현
실에서 도피하여 아동기의 사고와 행동이 신체적 증상으로 나타
나게 된다. 'K 씨는 3대 독자에게 시집을 갔다. 시부모는 대를 이
을 아들을 낳아 주기를 열망했다. 그러나 결혼 후 3년 동안 임신을
할 수가 없었다. 그녀는 매일매일 죄의식과 자책 속에서 나날을
보내다가 어느 날 갑자기 반벙어리가 되어 버렸다. 결국 자기의
죄악감, 자책감에서 벗어나고자 하는 욕구가 무의식적인 방어기
제로서 퇴행현상을 가져오게 된 것이다.

도 피

적응하기 곤란한 사태로부터 도피하여 불안을 피해 보려는 기제다. 도피(escape)는 곤란한 장소로부터 몸을 피하는 신체적 도피와 자기 능력, 처지 등에 열등, 불안을 느끼고 공상의 세계로 도피하는 환상의 도피가 있다. 환상의 도피에서는 소설의 주인공, 유명한 정치가, 백만장자로 자기를 꿈꾸어 보는 공상이 나타난다.

또 병으로부터의 도피가 있다. 어려운 일에 닥치거나 과오를 범했을 때 병이 나서 곤란한 사태를 피하고 남의 동정을 사고자 하는 욕구가 생기게 되며 나중에는 병으로 발전하게 된다.

결론적으로 말한다면 인간은 본능적인 욕구와 자기 나름의 강렬한 소망, 희구(希求)를 가지고 있다. 이 욕구, 소망이 좌절되면 심한 불만과 고통을 맛보게 된다. 이런 불만과 고통에서 벗어나려하는 자기방어가 바로 인간의 방어기제다. 인간은 자신의 정신건강을 위해 이 욕구불만을 소극적인 방어체계로부터 적극적인 방어기제까지 다양하게 사용하고 있다. 그런데 이런 방어기제의 사용은 무의식적으로 행해지는 것이 대부분이다.

02

모 방

02
모 방

동물과 인간이 가지고 있는 아주 우수한 기술 중의 하나는 모방이다. 모방이란 남이 하는 행동을 관찰하고 그것을 그대로 따라 하는 것이다. 동물과 인간이 태어나면 살아가기 위해 많은 것을 학습해야 한다. 동물인 경우 먹이를 찾는 방법, 도망치는 방법, 그리고 다른 새끼와 어울리는 방법 등을 학습해야 한다. 사람의 경우도 이는 마찬가지여서 밥을 먹고, 말을 배우고, 각종 놀이에 참여하고, 친구와 어울리는 것을 배운다. 물론 이런 초기의 학습은 의식하에 이루어진다. 즉, 타인이나 다른 동물이 하는 것을 관찰하고 그것을 연습하여 마침내 모방에 성공한다.

그런데 많은 모방이 우리의 자의식 속에 행해지는 것은 아니다.

집안 식구의 말투, 걸음걸이, 기타 여러 가지의 모방은 우리가 무의식적으로 한다. 우리나라 속담에 "흉보면서 닮는다."라는 말이 있는데 이것은 자식이 부모를 미워하여 부모를 닮지 않으려 노력해도 결국은 닮게 된다는 역설(逆說)을 말한다. 구체적인 예는 아래에서 더 자세히 설명할 것이다.

이 장은 무의식 세계의 또 다른 종류인 모방에 관해 살펴보기로 한다. 이 장에서 다루는 주제는 이 책의 1장 '프로이트의 무의식'과는 전혀 성격이 다른 무의식계다. 무의식을 반드시 프로이트식으로만 생각할 필요는 없다. 즉, 프로이트와 달리 우리가 의식하지 않고 행하는 행동 전반을 무의식계라고 간주할 수 있다. 또 무의식계가 반드시 본능의 세계라고 간주할 필요도 없다. 그렇게 정의한다면 무의식 세계는 프로이트의 정신분석과는 전혀 다른 내용이 될 뿐 아니라 무의식 세계의 범위도 보다 더 확대된다. 이 장에서는 모방의 문제를 살펴볼 것이다. 그런데 모방을 설명하기에 앞서 먼저 각인(imprinting)에 관해 살펴볼 것이다. 각인은 모방과 같이 선천적으로 그리고 무의식적으로 어떤 사건을 우리 뇌에 아로새겨 넣는 것이다.

⑨ 동물과 인간의 각인

여러분은 콘라드 로렌츠(Konrad Zacharias Lorenz)가 새끼 오리를 연구하여 새끼 오리가 어미 오리를 따라다니지 않고 로렌츠 뒤를 졸졸 따라다니게 만든 사진을 본 적이 있을 것이다. 이 사진은 로렌츠가 오리의 각인 행동을 증명한 것이다. 오리는 태어난 지 하루 안에 자기 앞에 나타난 유기체를 자신의 어미로 간주하는 각인 행동을 발동한다. 어미 오리는 새끼를 낳고 늘 새끼 오리와 같이 있기 때문에 새끼 오리가 자기 어미를 각인하는 데 문제가 없다. 그런데 로렌츠가 이를 조작해 어미 대신 자신이 새끼 오리 앞에 나섰다. 그랬더니 새끼 오리는 로렌츠를 자기 어미로 각인하여 진짜 어미 오리를 무시하고 로렌츠 뒤만 졸졸 따라다녔다.

북미산 흰관 참새(White-crowned sparrow)는 생후 10일부터 50일 사이에 어미 새가 노래하는 것을 들어야만 노래를 부를 수 있다. 생물학자들은 생후 몇 주를 결정적 시기(critical period)라고 말한다. 만일 그 새가 이 시기에 어미 새의 노래를 듣지 못하면 그 새는 영영 노래를 부르지 못하기 때문에 새끼 새에게 있어서 생후 몇 주는 노래를 배우는 데 절대적으로 중요한 시기가 된다.

최근 심리학자들은 인간에게도 결정적 시기가 있음을 간파했다. 노암 촘스키(Noam Chomsky)라는 언어심리학자는 인간이 언어를 배우는 능력은 선천적으로 타고난다고 주장하였다. 그래서 인간만이 언어를 구사할 수 있다는 것이다. 그런데 인간이 언어를 학습할 수 있는 결정적 시기도 동물이나 조류와 같이 정해져 있다. 밀림에서 자란 아이들이 6~8세 이상이 지나 발견된 경우 그 아이에게 아무리 집중적이고 체계적인 언어교육을 베풀어도 그

아이는 평생 동안 간단한 말, 예컨대 '안녕' '배고파' '추워' 같은 외마디 말 이상을 하지 못한다.

언어학자 및 생리심리학자들은 인간의 언어를 담당하는 뇌의 영역은 브로카(Broca)로 불리는 곳으로 이곳의 언어학습능력은 6세 이상이 지나면 퇴화한다는 사실을 밝혀냈다. 이런 사실을 고려해 보면 인간의 언어학습도 선천적 능력이 적당한 자극을 받아 발아하는 것으로 보아야 하고 이를 순전히 후천적이고 자발적인 학습의 결과만으로 해석할 수는 없다.

지금까지 예를 든 각인은 본능의 영향을 받은 것이다. 그런데 최근에 심리학자들은 인간이 후천적으로 경험한 중요한 사건이 뇌에 각인되어 이것이 우리의 정신세계에 깊은 영향을 준다는 사실을 보고하고 있다. 예를 들어, 어렸을 때 아동이 경험한 성적 학대, 부모의 사망, 이혼 등은 아동의 뇌리에 각인되어 아동이 성장한 후에 정서적인 문제를 발생시킨다. 성적 학대를 받은 아동은 그 외상적 경험이 각인되어 성적 자아정체성을 확립하지 못하고 이성적 성생활을 영위할 수 없는 경우가 많다. 각인은 모방보다는 더 선천적이고 각인 과정은 모방보다 더 자동적이다. 그래서 각인 과정은 모방보다는 더 무의식적으로 수행된다고 볼 수 있다.

💡 모 방

인간의 행동 발달은 수없는 모방을 통해 이루어진다. 마가렛 미드(Margaret Mead)라는 문화인류학자는 원시사회에서 모방을 통해 원시인들의 문화가 후세대에 전수된다는 사실을 밝혔다. 어린 원시인들은 나이 든 사람이 하는 행동을 그대로 따라 한다. 즉, 숲 속에서 사냥을 하고 불을 피우고 집을 짓는 것들은 글로 배우는 것이 아니고 나이 든 원시인이 하는 행동을 모방해서 배우는 것이다. 물론 이때의 모방은 무의식적이라기보다는 관찰을 통한 의식적 관찰학습이라고 말하는 것이 더 합당할 것이다.

우리는 자기도 모르게 남의 행동을 모방하는 경우가 있다. 걸음걸이의 모방이 그 예다. 우리의 걸음걸이(gait)는 서로 다르다. 걸음걸이의 특색은 팔을 흔드는 방법, 다리의 보폭과 방향, 그리고 어깨를 곧추세우는 방법 등에 의해 결정된다. 최근 한국 국립과학수사연구소에서 영국 경찰의 도움을 받아 사람들의 걸음걸이 유형을 세분할 수 있는 프로그램을 도입했다. 그렇게 한 이유는 최근 우리나라에서 도둑이 물건을 훔치고 달아나는 모습이 CCTV에 잡혔는데 범인의 얼굴은 나오지 않고 옆모습만 찍혀 범인을 가려낼 수 없었지만, 그 범인이 걷는 방법을 자세히 분석하고 걸음걸이가 비슷한 사람을 찾아내어 드디어 범인을 체포할 수 있었기 때문이다. 이에 범인 색출에 걸음걸이 분석이 필요함을 느껴 걸음걸이 분석 프로그램을 도입하게 된 것이다.

　같은 집에서 자란 아이들은 서로 걸음걸이가 닮기 쉽다. 나의 형 친구들은 나의 걸음걸이를 보고 형의 걸음걸이와 꼭 같다고 이야기한다. 그런데 나는 내 스스로가 어떻게 걷는지 잘 모를 뿐만 아니라 내가 형이 걷는 모습을 의식적으로 모방하려 한 적도 없었다. 그럼에도 불구하고 나의 걸음걸이는 형과 닮아 있었던 것이다. 이 모방은 비의도적이고 무의식적인 것이다.

　비단 걸음걸이뿐만 아니라 우리는 억양, 말하는 방법, 남을 대하는 방법, 더 나아가 세상을 보는 눈, 가치관, 인생관 모든 것을 자기 가까이 있는 누군가로부터 모방 학습한다. 왜 모방 행동이 발생하는가? 어떤 낯모를 상황에서 우리가 어떻게 행동을 해야 할지를 모를 때 우리가 쉽게 택하는 방법은 타인의 행동을 관찰하고 모방하는 것이다. 타인이 하는 행동이 옳겠거니 하고 이를 따라 하는 것이 우리에게 제일 간편한 방법이다. 타인의 행동이 옳은 방법인지의 여부를 따지는 것은 골치 아프고 힘든 일이다. 더구나 나 자신이 새로운 방법을 모색하는 것은 더욱더 힘든 일이다. 따라서 우리는 무심코 타인이 하는 행동을 단순히 모방하는 것이다.

　유아가 태어나면 결정해야 할 일이 너무 많다. 그런데 어떤 식으로 행동해야 하는가를 결정하는 것은 너무 힘들기 때문에 스스로 결정하는 것을 미루거나 포기하고 바로 가까이 있는 사람의 행동을 그대로 따라 한다. 그래서 우리가 부모의 행동, 태도, 습관, 그리고 가치관을 자기도 모르게 그대로 모방학습한다.

프로이트는 자녀가 부모를 닮는 것, 부모의 가치관을 그대로 모방하는 것을 다음과 같이 설명하고 있다. 아동은 4~5세 때 어머니를 놓고 아버지와 싸우는 오이디푸스 콤플렉스 시기를 겪게 된다. 아버지를 연적(戀敵)으로 놓고 아버지를 제거하려 하나 자기가 능력이 부족하고 또 어머니가 자기 못지않게 아버지를 사랑하는 사실을 발견하고는 아버지를 죽이려는 욕망을 순화(馴化)하여 '자기와 아버지는 같다.'라고 착각한다. 자기가 아버지와 같은 존재라고 생각하면 어머니를 놓고 아버지와 싸울 필요가 없어진다. 이런 과정에서 자식이 아버지를 동일시하는 과정이 생겨난다. 동일시 과정은 아버지를 그대로 모방하고 아버지의 생각, 가치관, 인생관을 그대로 받아들이는 것이다. 그러나 프로이트의 동일시로 설명할 수 없는 모방이 하나 있다. 그것은 우리나라 속담의 '흉보면서 닮는다.'라는 것이다. 이제 이 문제를 살펴보기로 하자.

⚙ 흉보면서 닮기

"흉보면서 닮는다."라는 말은 역설적(逆說的)인 것이다. 대부분의 자식은 아버지를 좋아하고 존경하여 아버지를 동일시하고 의식적으로든 무의식적으로든 아버지를 모방하여 닮아 간다. 그러나 부모-자식 관계가 좋지 않아 자식이 아버지를 미워하고 아버지와의 동일시를 거부하는 경우가 있다. 그러면 자식이 아버지를 닮지 말아야 한다. 그런데 미워하면서도 아버지를 닮는 경우가 적지 않다. 실제 예를 하나 들어 보자. 저자는 '바른 사회 시민회의'에서 일하고 있는데 그곳에서 인터넷 상담을 맡고 있다. 여러 종류의 고민을 가진 사람들이 이곳에 자신의 문제를 호소해 온다. 그중의 한 예가 자기 아버지를 미워하면서 닮아 간다는 것으로 그 내용을 간추려 보면 다음과 같다.

피상담자가 토로한 상담내용은 다음과 같다. 피상담자는 20대 성인인데 인간관계에 문제가 있다고 했다. 남의 단점을 잘 지적해 남과 잘 어울리지 못한다는 것이다. 그런데 재미있는 사실은 자기가 초등학교 시절부터 공부를 열심히 해 전교 3~40등을 놓치지 않았는데도 불구하고 아버지가 늘 공부 안 한다고 야단을 쳤다는 것이다. 아버지가 자신의 문제점을 구구절절이 지적하고 질책할 때 그는 맨 정신으로 들으면 정신이 돌까 봐 다른 공상을 할 정도였다는 것이다. 아버지를 미워하고 그래서 아버지를 닮지 말아야 하는데 요즘 자신의 행동을 잘 살펴보니 아버지의 판박이라고 했다. 즉, 친구를 칭찬하기보다 헐뜯고 친구와 공감하기가 어렵다는 것이다.

아버지를 미워하면서 닮아 가는 심리는 무엇일까? 그것은 프로이트의 부모-자식 간의 동일시의 근본 원리를 부정하는 것이다. 즉, 프로이트는 오이디푸스 콤플렉스의 해결방안으로 아들이 아버지를 동일시한다고 주장했다. 프로이트가 말하는 동일시의 저변에는 아버지를 좋아하고 닮아 가려는 의도가 담겨 있다. 그런데 위에 예로 든 피상담자의 글을 보면 아버지와 동일시하지 않으면서도, 즉 아버지를 좋아하거나 존경하지 않으면서도 그는 부지불식간에 아버지의 대인관계 태도, 즉 남을 헐뜯는 것을 닮은 것이다.

저자는 앞에서 우리가 가족의 말투, 대화 방법, 그리고 걸음걸이 등 다양한 행동을 자기도 모르게 닮아 간다는 사실을 설명한 바 있다. 그리고 이 모방 방식은 의식적이 아니고 무의식적이라고 말했다. "흉보면서 닮는다."는 것도 이와 유사한 모방 방식이라고 생각된다. 즉, 자식은 부모가 사람을 대하는 태도, 대화 방법 등을 자신도 모르게 모방하는데 이것은 동일시 과정에서 비롯된 것이 아니다. 우리가 남의 행동을 자신도 모르게 무의식적으로 단순 모방하는 것 때문에 발생하는 것이다.

'이혼은 심리학적으로 유전된다.'라는 말이 있다. 부모가 가정 불화가 잦거나 이혼하면 그것을 보고 자란 자식들은 커서 결혼하면 그의 부모가 했던 것처럼 이혼하는 경우가 많다. 물론 부모의 경우를 반면교사(反面教師)로 삼아 자식이 결혼해 행복한 결혼생활을 하는 경우도 적지 않다. 그러나 그런 경우보다 부모를 따라 자식도 이혼하는 경우가 더 많다. 아동학대의 경우도 그렇다. 어려서 아동학대를 당한 사람이 장성해 자녀를 낳으면 그 역시 자기 자식을 학대하는 경우가 많다.

이혼이나 아동학대가 심리학적으로 유전된다는 것은 우리 속담인 '흉보면서 닮는다.'와 일치하는 것이다. 왜 그런 현상이 발생하는가? 한 가지 이유는 부부싸움이나 자녀와 맞부딪치는 상황을 맞이하게 되면 자식들이 그들의 부모가 그 상황에서 해 왔던 행동을 그대로 답습하기 때문이다. 즉, 부부싸움이 잦은 상황에서 자라 온 자녀들은 결혼을 해 부부가 싸우는 상황이 벌어지면 과거 자기의 부모가 해 오던 행동을 그대로 회상하여 실행해 옮긴다. 마찬가지로 부모에게 매를 자주 맞아 오던 자식은 커서 자기의 자식을 마찬가지로 매질하는데 그 이유는 자기와 자식 간의 마찰이 생긴 경우, 아버지가 하던 행동이 그 상황에서 적절한 것으로 잘못 인식하여 그대로 답습하기 때문이다.

미워하면서도 답습하는 과정은 심리학적으로 어떤 과정일까? 자식은 그런 상황에서 자기가 취해야 할 방법을 과거 부모가 하던 방식에서 답을 찾는다. 좀 더 자세히 설명한다면 처음으로 부부싸움을 하는 경우, 이혼한 부모 밑에서 자란 자녀는 그런 상황에서 부부가 서로 욕을 하고 물건을 집어던지고 서로 때리는 것이 당연한 것으로 착각하고(무의식적이든 의식적이든) 자기도 모르게 부모가 했던 행동을 똑같이 수행하는 것이다. 마찬가지로 자녀가 잘못했을 때 꾸중하고 매를 든 부모 밑에서 자란 자녀는 자기의 자녀가 잘못을 저질렀을 때 어떤 새로운 해결 방식을 모색하기보다는 단순히 과거 부모가 하던 행동을 그대로 기억해 이를 답습한다.

모방이 쉽게 이루어지고 이것이 쉽게 지워지지 않는다는 사실을 현대 사회심리학에서는 다음과 같이 설명하고 있다. 우선 모방 행동은 다른 사람의 행동을 보고(지각)하고 내가 그의 행동을 따라 실행하는 것인데 이것이 뇌에 표상(저장)된다. 이후 우리가 모방했던 그 행동을 다시 지각하면 자기도 모르게 바로 행동하는 '지각-행동'의 고리가 작동한다. 이렇게 다른 사람의 행동을 지각하자마자 내가 행동하게 되는 연결고리가 우리 뇌에 형성되었기 때문에 모방이 쉽게 재현되는 결과를 가져온다.

'흉보면서 닮기'의 모방 행동은 생크와 아벨슨(Schank & Abelson, 1977)의 스크립트 이론(script theory)으로 적절하게 설명할 수 있다. 스크립트 이론이란 우리가 어떤 행동을 뇌에 저장할 때 그 행동을 수행하는 여러 가지 과정을 하나의 대본처럼 기억해 둔다는 것이다. 예컨대, 우리가 문상을 하는 행동은 다음과 같은 네 가지 과정을 걸쳐 수행한다. 첫째, 검은 옷을 입고, 둘째, 장례식장에 가서, 셋째, 고인의 영안에 추모하는 절을 하고, 넷째, 상주를 만나 애도를 표하는 일련의 행동을 순서적으로 하는 것이다. 그런데 우리가 이런 행동을 뇌에 표상(저장)할 때 각각 네 가지 행동으로 나누어 표상하는 것이 아닌 하나의 스크립트(한 장면을 묘사한 대본)로 저장한다. 그래서 '장례'라는 말이 떠오르면 장례를 나타내는 스크립트가 우리 뇌에서 활성화하고 그것이 행동으로 이어진다. 아버지가 자식을 학대하거나 부부가 싸움을 하는 것도 하나의 스크립트 식으로 우리 뇌에 저장된다. 그래서 비슷한 상황, 예컨대 내가 자식과 싸우거나 아내와 말다툼을 하면 옛날 나의 아버지가 나에게 한 행동이나 나의 어머니에게 한 행동이 나의 뇌에 활성화(회상)되어 내가 기억해 둔 아버지의 행동 스크립트를 그대로 재현한다. 그래서 나도 자식을 때리고 아내에게 화를 낸다. 착한 부모 밑에서 자란 아동은 자기 뇌에 착한 부모의 스크립트가 저장되어 있는 반면 폭력적인 부모 밑에서 자란 아동의 뇌에는 폭력의 스크립트가 표상(저장)되어 있다. 그래서 우리가 흉보면서 닮는 현상이 발생한다.

이 장을 통해 우리는 우리가 행하는 많은 일상적 행동이 모방, 그것도 무의식적인 모방 탓인 것을 이해하게 된다. 어떤 모방은 선천적인 것으로 유기체가 생존해 나가는 데 필요할 뿐만 아니라 인류의 문화와 과학기술이 전수되고 발달하는 데도 필수적이다. 이러한 모방은 유전되는데 그 이유는 그것이 생존가치가 있기 때문이다. 즉, 유기체가 살아가는 방법, 대화하는 방법, 협동하는 방법을 배우는 것은 그것 자체가 생존에 도움이 되는데 그래서 우리는 이런 생존 방법을 대부분 모방하여 습득한다. 그래서 유아는 어머니의 말을 따라 배우고 아버지가 하는 행동을 그대로 모방한다. 그런데 이런 많은 모방은 의식적이기도 하지만 무의식적으로 행해지는 것이 대부분이다.

프로이트는 모방의 원인으로서 아버지와의 동일시를 강조했지만 이에 반대되는 사실이 있는 바 그것은 바로 '흉보면서 닮기'다. '흉보면서 닮기'는 자식이 부모가 하던 행동을 무의식적으로 뇌에 저장해 놓고 그 행동과 관련된 상황이 자기에게 벌어지면 과거에 저장했던 행동양식을 그대로 답습하는 과정이다. 따라서 모방은 동일시뿐만이 아닌 다른 형태의 답습과정에 의해 발생한다.

03

습관

03
습관

습관도 우리가 무의식적으로 행하는 것이다. 우리가 어떤 습관을 형성할 때 주의, 관찰, 행동시범이 필요하고 이 과정은 모두 의식적이다. 그러나 일단 습관이 길들여지고 난 다음에 우리가 하는 행동은 거의 무의식적이다. 예를 들어 보자. 자동차 운전을 배울 때 우리는 기어를 넣고 좌우를 살피고 방향등을 켜며 핸들을 조작하는 등 여러 가지 어려운 작업을 하나하나씩 익혀 나간다. 그런데 이런 작업은 우리의 많은 주의와 관찰, 실제 행동시범을 필요로 한다. 그래서 운전을 배울 때는 온갖 신경을 곤두세우고 학습한다. 그러나 어느 정도 운전을 배우고 난 후에는 이런 어려운 운전과정이 아주 쉽고 자동적으로 행해진다. 그래서 친구와 이야기도 나누고 음악을 들으며 네비게이터를 주시하면서 운전할 수 있다. 즉, 이때 우리의 운전은 반무의식적이다. 여기서는 여러 종류의 습관을 살펴보되 그 습관이 어떻게 형성되는지를 분석할 것이다.

습관은 우리 생존에 득이 되기도 하고 해가 되기도 한다. 좋은 습관, 예컨대 운동을 하고, 다이어트를 하는 습관은 우리의 건강 유지에 크게 도움이 된다. 그러나 우리는 몸에 해가 되는 습관을 가지기도 한다. 예컨대, 담배를 피우고, 술을 자주 마시며, 마약 등을 탐닉하기도 한다. 이런 나쁜 습관은 우리 몸에 해를 주므로 우리는 이를 즉각 폐기해야 하는데 그것이 그렇게 쉽지가 않다. 이 장에서는 좋은 습관을 길들이는 방법과 더불어 나쁜 습관을 없애는 방법에 관해서 설명하기로 한다.

💡 습관은 왜 생기는가

우리는 많은 습관을 가진다. 아침에 일어나면 용변을 보고 이를 닦고 세수를 한다. 이런 행동은 부모가 우리가 어렸을 때부터 보여 주고 가르쳐 준 것이다. 그래서 누구나 이런 습관을 오랫동안 지속해 오고 있다. 우리가 어렸을 때는 소금으로 하루에 한 번 이를 닦았다. 그러던 것이 한국전쟁을 치루고 외국문화가 들어오면서 치약과 칫솔을 사용하여 이를 닦는 것으로 바뀌었다. 그런데 이때도 대부분의 한국 사람은 하루에 한 번씩 이를 닦았는데 그것

도 아침 식사 전이다. 저자는 이런 습관을 지금까지 지속해 오고
있다. 그런데 요즘은 이를 하루에 세 번씩 그것도 식전에 닦는 사
람이 늘어나고 있다. 그래서 저자도 하루에 이를 세 번 닦는 것은
너무 힘들고 식후에 두 번 닦는 연습을 시작했다. 그런데 그 습관
을 길들이기가 너무 어려워 중도에 포기하고 말았다. 왜 새 습관
을 길들이지 못했는가? 늘 아침 밥 먹기 전에 이를 닦았기 때문에
저자도 모르게 식사하기 전에 이를 닦아 버린 것이다. 그리고 저
녁에 밥 먹은 후 이를 닦아야 한다는 것을 자주 잊어버리고 그대
로 잤기 때문이다. 이렇게 오래된 습관은 우리 생활의 일부가 되
어 버려 그대로 지속하고 변경하기가 어렵다. 그리고 우리 몸이
자동적으로 습관을 행하게끔 만든다. 즉, 아침에 눈을 뜨면 우리
몸은 자동적으로 화장실로 향하고 이를 닦는다. 우리의 정신이 우
리를 인도하는 것이 아니라 우리의 몸이 무의식적으로 화장실로
인도하고 이를 닦게 만드는 것이다.

스키너(Burrhus F. Skinner)라는 심리학자가 습관에 관해 연구하
기 전에는 우리가 습관에 관해 설명할 때 대개 위에 적은 바와 같
은 식으로 해 왔다. 즉, 습관은 우리가 너무 자주 사용(또는 행동)해
그것이 자동적으로 행해지도록 몸과 마음이 연결되어 있다는 것
이다. 운동학습도 하나의 습관으로 설명할 수 있다. 테니스 스트
로크(stroke)를 배울 때 몸을 90도 정도 오른쪽 또는 왼쪽으로 돌리
고 라켓을 뒤로 뺏다가 공을 몸 앞에서 맞추되 공을 맞춘 팔은 반
대쪽 어깨 뒤로 접어져야 강한 스트로크가 된다. 그런데 이런 기

초 동작을 몸에 익히지 않고 자기 멋대로 공을 받아 넘긴 사람은 정식 스트로크 방식으로 테니스를 할 수가 없다. 이 사람은 코치에게 새로운 방법을 배우기가 무척 힘든데 이전 학습한(습관) 스트로크 방법을 제거 또는 탈학습시키기가 너무 어렵기 때문이다. 왜? 이젠 그의 몸이 자기가 평소 해 온 대로 습관형성이 되었기 때문이다.

우리의 어떤 행동, 예컨대 반사행동은 우리의 뇌까지 전달되지 않고 중추신경에서 처리된다. 우리가 배운 운동도 처음에는 대뇌중추가 관여하지만 그것이 습관화되면 대뇌가 아닌 척추신경에서 반사행동으로 처리한다. 그래서 새로운 테니스 스트로크 방식을 배우기가 무척 어려운 것이다. 뇌에서는 그런 방법으로 쳐서는 안 된다고 경고하지만 근육이 이를 무시하고 자기 방식대로 공을 쳐내기 때문이다.

그런데 스키너라는 심리학자가 습관의 형성에 관해 색다른 이론을 전개했다. 이 이론은 사람과 동물을 대상으로 실험했기 때문에 설득력이 있고 따라서 많은 사람들이 그의 이론을 지지한다. 스키너의 습관 또는 학습 이론은 '강화(reinforcement)를 받은 행동이 다시 반복될 가능성이 높다.'라는 내용의 아주 간단한 이론이다. 이제 아래에서 스키너 이론을 자세하게 그리고 다양하게 설명해 볼 것이다.

나달의 요식행위

나는 스페인의 테니스 선수 나달(Rafael Nadal)을 좋아한다. 여러 가지 이유가 있지만 그중 하나는 그가 왼손잡이이기 때문이다. 나도 왼손잡이이므로 나달이 하는 경기는 빼놓지 않고 시청한다. 나달은 집요하고 빠르며 상대방의 허점을 잘 찾아낸다. 그런데 나달에게는 몇 가지 경기 전 요식행위가 있다. 요식행위란 경기할 때 그가 자주하는 버릇을 말한다. 예컨대, 그는 서브를 상대방에게 넣거나 상대방으로부터 서브 받을 준비를 할 때 오른손으로 궁둥이를 만지고 귀 위의 머리를 쓸어 올리고 코를 쓰다듬는 버릇이 있다. 왜 이런 버릇이 생겼을까? 스키너의 설명에 따르면 나달이 그런 요식행위를 하고 경기를 했을 때 그가 게임에서 이겼기 때문이다. 즉, 그런 요식행동을 한 것이 보상을 받았기 때문이다. 스키너는 우리가 어떤 행동을 자발적으로 작동(operant)했을 때 그에 대해 보상이 주어지면 그 행동을 다시 반복하는 버릇 또는 습관이 형성된다고 주장하고 실험을 통해 이를 밝혔다.

스키너는 비둘기를 대상으로 실험했는데, 그의 이론을 작동 조건형성(operant conditoning)이라고 부른다. 그의 이론을 간단하게 설명하면 다음과 같다. 비둘기를 조그만 상자 안에 넣는다. 그 상자 안에는 비둘기가 부리로 쪼을 수 있는 구멍이 있다. 장 속에 들어간 비둘기는 낯선 상황을 익히기 위해 이리저리 돌아다니다 우연히 부리로 구멍 안을 쫀다. 비둘기가 이렇게 우연히 한 쪼는 행동을 작동행동이라고 부른다. 비둘기가 구멍 안을 쪼을 때 실험자는 구멍 안에 콩이 떨어지게 만든다. 몇 번 시행 후 비둘기는 구멍 안을 쪼으면 먹이가 나온다는 사실을 알고 구멍 안을 계속 쪼기 시작한다. 이때 먹이는 강화라고 부르는데 강화는 강화 받은 행동이 다시 반복될 가능성을 높혀(강화) 준다는 의미에서 이런 명칭을 붙였다. 즉, 비둘기가 구멍 안을 쪼아 먹이를 얻으면 그 쪼는 행동이 다시 반복된다.

스키너 이론에 나오는 몇 가지 개념을 어느 야구선수의 예를 통해 다시 정리해 보자. 야구선수가 배터 박스에 들어서고 우연히 모자를 고쳐 쓴다(작동행위). 그다음 배트를 휘둘렀더니 홈런이 났다(보상 또는 강화). 그 후 이 야구선수는 배터 박스에 들어설 때마다 모자를 고쳐 쓴다(작동 조건형성).

스키너의 '작동 조건형성'이란 명칭을 듣고 많은 독자가 파블로프의 조건형성이란 말을 떠올릴 것이다. 파블로프는 개를 대상으로 실험을 했는데 개를 묶어 놓고 음식을 주기 전에 종소리를 울렸다. 처음에는 개가 종소리를 듣고 타액 반응을 하지 않았다. 이를 몇 번 시행했더니 개가 종소리만을 듣고도 침을 흘렸다. 즉, 개가 종소리에 조건형성된 것이다. 파블로프의 조건형성이나 스키너의 작동 조건형성은 그 원리가 같은 것이다. 두 실험 모두 유기체의 학습 및 습관형성을 설명한 것이다. 습관형성에는 강화물(또는 보상)이 필요한데 강화물은 습관이 형성되도록 힘을 발휘한다.

파블로프(Ivan Petrovich Pavlov)의 이론보다는 스키너의 이론이

인간의 습관형성을 설명하는 데 더 적합하다. 그 이유는 실험 상황
이 인간의 생활과 비슷하기 때문이다. 파블로프의 실험에서는 개
를 묶어 놓고 실험을 한다. 반면, 스키너의 실험에서는 비둘기가
자유롭게 우리(비둘기 상자)를 돌아다닌다. 그리고 비둘기가 스스
로 구멍을 쫀다(작동행동). 우리의 일상생활은 파블로프의 개처럼
묶여 있지 않고 스키너의 비둘기처럼 자유롭게 돌아다니다 스스
로 어떤 행동을 하는 것이다(작동한다). 그런 점에서 스키너의 이론
이 파블로프의 이론보다 사람의 습관형성을 설명하는 데 더 적합
하다. 파블로프의 개나 스키너의 비둘기는 모두 조건형성될 때(즉,
습관형성) 무의식적으로 행동했을 것이다. 개나 비둘기가 어떻게
하면 먹이가 나온다는 것을 짐작할 수는 있지만 개의 타액 반응 조
건형성이나 비둘기의 쪼는 행동은 무의식적으로 수행된다.

　여기서 잠깐 우리는 습관이란 말의 의미를 생각해 보자. 습관이
란 쉽게 말하면 버릇인데 이 습관이나 버릇은 학습이란 말로 대치
할 수 있다. 우리가 첫 번째 형성한 습관이나 버릇은 우리가 어떤
행동을 처음 학습한 것으로 묘사할 수 있다. 그래서 스키너의 이
론은 인간의 다양한 학습을 설명할 수 있는 것이다. 우리가 형성
한 기호, 취미, 성격, 가치관, 인생관을 스키너의 학습 이론 방법
(또는 스키너의 작동 조건형성 이론)으로 설명할 수 있다. 예컨대, 우
리가 공부를 잘하면 부모가 칭찬을 한다. 그러면 우리는 더욱더
공부를 열심히 한다. 왜? 우리가 하는 공부가 부모로부터 강화, 즉
칭찬을 받았기 때문이다.

스키너는 비둘기로 하여금 춤을 추게 만들었다. 비둘기는 춤을 출 줄 아는 새가 아니다. 그렇지만 스키너는 비둘기로 하여금 춤을 추게 만들었는데 그 과정은 다음과 같다. 처음에 비둘기가 구멍 안을 쪼면 콩을 떨어뜨린다. 이런 시행을 여러 번 한 후 그다음에는 비둘기가 구멍을 쪼아도 더 이상 모이를 떨어뜨리지 않는다. 비둘기는 모이가 안 나와도 계속 쪼다가 이런 행동을 점차 줄인다(스키너의 용어에 따르면 조건형성된 행동의 소거 현상). 그런데 비둘기가 우연히 날개짓을 한 후 구멍 안을 쪼면 다시 모이를 준다. 그러면 얼마 후 비둘기는 날갯짓을 한 후 구멍을 쪼기 마련이다. 이런 식으로 스키너는 비둘기가 여러 가지 춤 동작을 할 때까지 기다리다 모이를 줌으로써 드디어 비둘기는 날갯짓을 하고 다리를 들었다 놓았다 하는 춤을 추는 것이다.

한때 한국의 서점가에서 『칭찬은 고래도 춤을 추게 만든다』라는 외국 번역 책이 베스트셀러가 된 적이 있다. 이 책은 바로 스키너의 작동 조건형성 이론을 설명한 것이다. 고래나 비둘기를 춤추게 만들 수 있는 것과 마찬가지로 인간행동도 외부에서 주는 강화(또는 보상)에 의해 조건형성될 수 있다. 인간에게 강화로 작용할 수 있는 강화물은 나이에 따라 달라지는데 우리가 어렸을 때는 과자, 엄마의 뽀뽀 등이고 커서는 부모의 칭찬, 상사의 격려, 노벨 상 등이다.

스키너는 우리 개인 인생의 역사는 바로 강화의 역사라고 주장한다. 즉, 우리가 어떤 취미, 습성, 성격, 인생관, 가치관을 갖게 되었는가는 우리가 외부에서 받은 강화의 내용과 일치한다는 것이다. 강화는 우리가 의식할 수도 의식하지 못할 수도 있다. 그리고 강화는 외부인이 의도적으로 우리에게 줄 수도 있고 순전히 운에 의해서도 발생한다. 내가 그림을 잘 그렸을 때 선생님이 나를 칭찬하는 것은 나의 그림 그리기를 강화하는 것이다. 그래서 강화를 주는 사람이 누구인지를 그리고 강화를 받은 것을 내가 기억할 수 있다. 또 선생님의 그런 칭찬은 내가 화가가 되도록 의도적으로 한 것일 수 있다.

그런데 앞의 경우와는 다르게 내가 강화를 받았다는 것을 의식하지 못한 채 그리고 강화를 주는 것이 사람이 아니고 운에 의한 것일 때가 있다. 내가 테니스를 치고 귀가하기 위해 테니스장 앞 도로에서 택시를 기다릴 때 두 가지 방법이 있다. 하나는 테니스장 앞길에서 차를 기다리는 것이고 다른 하나는 길을 건너 택시를 잡는 것이다. 그런데 내가 앞길에서 차를 기다릴 것인지 아니면 반대쪽 차도에서 차를 기다릴 것인지는 내가 전날 어디서 차를 기다렸더니 빈 차가 빨리 내 앞에 도착했는가에 달려 있다. 만일 내가 반대쪽에서 차를 기다렸더니 차가 빨리 왔다면 나는 오늘도 반대쪽 길을 택할 것이다. 왜? 반대쪽 길에서 기다린 나의 어제 행동이 보상(또는 강화)을 받았기 때문이다. 그런데 내가 오늘 테니스장 앞길이 아닌 반대쪽 길을 택하는 행동은 내가 무의식적으로 행하는 것이다. 그리고 보상, 즉 차가 빨리 내 앞에 도착하는 것도 누가 나의 행동을 조건형성시키려 그렇게 택시를 보낸 것이 아니다.

그것은 그냥 운이다.

따라서 스키너는 인간의 많은 습관, 성격형성, 가치관 확립 등이 우리가 의식하지 못하는 외부의 강화물에 의해 무의식적으로 형성된 것이라는 주장을 한다. 스키너는 인간이 자율적으로 행동하는 존재라고 생각하지 않는다. 인간이 자율성을 갖고 있고 자유의지에 따라 행동하는 것처럼 보이나 실제로는 외부의 우리가 잘 의식하지 못하는 강화에 의해 조건형성된 것뿐이라고 주장한다. 스키너의 이론은 우리가 지금까지 생각해 왔던 무의식 세계가 실제로는 우리가 생각하는 것 이상으로 굉장히 그 범위가 넓고 다양하다는 것을 암시한다. 우리가 공부를 잘하고 착하고 양심적이고 훌륭한 사람이 되는 것은 외부에서 우리가 한 행동에 강화를 주었기 때문이다. 즉, 공부를 잘하면 부모가 칭찬하고 대견해 하는데 그래서 우리는 이런 보상을 받기 위해 더 열심히 공부한다. 이런 식으로 우리의 취미, 성격, 태도가 학습되고 버릇이 되어가는 것이다.

이제는 좀 더 구체적으로 우리의 좋은 습관, 태도, 그리고 행동을 어떻게 형성할 것인가를 생각해 보자. 저자가 실제로 실행해 좋은 성과를 올린 몇 가지 방법을 아래에 소개하고자 한다. 저자가 소개하는 방법은 스키너의 작동 조건형성 방법 이외에 인지방법도 포함되어 있지만 주요한 골자는 역시 스키너의 작동 조건형성 방법이다. 예컨대, 다음 '나의 저술활동'란에서 다루는 좋은 습관을 기르기 위한 한 방법은 '자기보상' 방법이다. 자기보상 방법

은 반두라라는 심리학자가 제안한 것이지만 그 기본 개념은 스키
너의 학습 이론의 정수인 '보상'을 확대한 것이다. 반두라는 우리
가 흔히 타인에게 받아 왔던 보상을 스스로 자기가 자신에게 투여
함으로써 좋은 습관을 형성할 수 있다고 주장한다. 반두라(Albert
Bandura) 이론, 즉 사회학습 이론은 이 책의 8장에서 자세히 설명
할 것이다.

나의 저술 활동

새해가 되면 누구나 새로운 결심과 각오를 다짐한다. 어떤 사람
은 금주, 금연을 결심하고 또 어떤 사람은 운동, 체중감량 등의 목
표를 설정한다. 이러한 결심이 처음 며칠은 잘 지켜지지만 오래
가지는 못한다. 그래서 우리말 중에 '작심삼일'이라는 것이 있는
데 이것은 우리의 결심이 흔히 3일이면 끝난다는 뜻이다. 그러나
모든 사람이 자기의 각오를 3일만에 끝내는 것은 아니다. 결심한
바를 철저하게 지키고 목표 달성하는 사람은 따로 있다. 그런 사
람은 어떤 사람인가? 그는 다른 사람보다 성격이 강인한가, 아니
면 자기 행동관리를 잘하는 묘법을 터득하고 있는가? 성격도 중요
하지만 자기관리하는 기법이 더 중요하다.

자기관리 기법을 심리학자들이 많이 연구해 왔지만 일반인은
이를 잘 모르고 있다. 자기관리 기법은 성인병 예방과 관리에 이
용되고 있다. 당뇨, 고혈압, 심장병 등에는 어떤 뚜렷한 치료법이

없다. 환자가 꾸준히 체중관리를 하고 운동을 해야만 한다. 그런데 이런 예방관리는 어떻게 해야만 효과적인가? 의사들이 환자에게 처방하는 방법은 환자에게 체중관리 목표를 정해 주고 이를 몇 달 내에 달성하라고 지시하는 것이다. 그러나 체중관리는 정말로 피나는 노력이 필요한 것이기 때문에 의사의 처방을 받은 많은 환자가 이를 제대로 이행하지 못한다. 그러면 의사들은 체중감량에 실패한 환자들을 보다 못해 야단을 한다. "당신은 의지가 박약한 사람이네요." "당신은 치료받을 의사(意思)가 없나 봐요." 등등. 이러한 꾸중을 들은 환자는 자신감을 잃고 자포자기하여 더 많이 먹고 더 살이 쪄 오히려 병세가 더 악화된다.

심리학적 자기관리는 우선 환자가 자기의 목표에 스스로 계약을 맺고 스스로 이를 점검하며 이 계약을 만천하에 공개하도록 유도하는 것이다. 예컨대, 왜 체중을 빼야 하는지, 그 어려운 일을 하면 자기에게 어떤 보상을 줄 것인지, 그리고 자기의 결심이 무엇인지를 주변 사람에게 널리 공표하는 것이다. 재직 중 나는 여름방학, 겨울방학이면 대개 책 한 권을 썼다. 그런데 저술하기 전에 미리 내가 나 자신과 심리적 계약을 맺는데 그 내용은 다음과 같다. 첫째, 나는 매일 원고지 40매의 글을 썼다. 그리고 그 일일 의무를 완수하면 그다음은 내가 좋아하는 일을 한다. 예컨대, TV 시청, 테니스, 음주를 한다. 그러나 책임량을 못 채우면 이를 하지 않는다. 즉, 책임량을 끝내야만 내가 하고픈 일을 하겠노라고 스스로 계약을 체결한다.

그다음 절대로 책은 어려운 장부터 시작하지 않는다. 우선 내가 잘 쓸 수 있는 장부터 시작한다. 이런 식으로 자기보상을 하면 나의 일일 의무량은 애초부터 지켜지기 마련이고 그러다 보면 몇 달 후 이미 책의 반 정도가 완성된다. 그러면 나머지 장은 이미 써 놓은 것이 아까워 어쩔 수 없이 채워지기 마련이다.

2002년 7월 말부터 나는 체중감량 작전을 실시하여 3개월만에 무려 7kg을 감량했다. 체중감량을 감행한 이유는 아직 위험수치는 아니지만 혈당치가 높으며(나의 경우 131인데, 임계치는 110이다) 체중이 72kg으로 키에 비해 과체중이었기 때문이다. 나는 가족과 주변 사람에게 나의 목표를 공표했는데 그 이유는 나 스스로 자존심을 건 싸움을 하기 위해서다. 그리고 나는 체중이 줄 때마다 옛날에 입었던 날씬한 몸매의 옷을 꺼내 입어 나의 목표 달성에 대한 보상을 게을리하지 않았다. 주변에서는 나 보고 독한 사람이라고 말한다. "그러니까 박사도 했겠지." 하고 말한다. 그러나 나는 절대 모질거나 독한 사람이 아니라 오히려 그 반대쪽에 가깝다. 다만 심리학적 자기관리를 하는 사람일 뿐이다.

나쁜 습관의 비밀과 처방법

스키너는 행동의 학습을 연구했을 뿐만 아니라 이를 탈학습시키는 방법도 제시했다. 한 심리학자가 앨버트라는 소년을 대상으로 공포를 학습시키고 이를 탈학습시키는 실험을 했다. 앨버트는 개, 토끼 등과 같은 애완동물을 좋아했다. 그런데 심리학자는 앨버트가 토끼를 어루만질 때 등 뒤에서 꽹과리를 두드리는 큰 소음을 내어 앨버트를 깜짝 놀라게 만들었다. 이런 식으로 몇 번 한 결과, 앨버트는 전과 달리 토끼를 무서워하게 되었고 심지어 동물의 털가죽을 봐도 울곤 했다. 이 실험은 우리의 행동뿐 아니라 우리의 정서, 즉 앨버트 실험의 경우에는 공포도 학습된다는 것을 밝힌 것이다.

그다음 실험자는 앨버트의 공포반응을 탈학습시키는 작업에 착수했다. 앨버트를 방 안에 넣고 그에게 과자를 줌과 동시에 방 한쪽 끝에 토끼가 들어 있는 조그마한 토끼장을 살며시 들여놓았다. 앨버트는 토끼를 보자 움찔하고 울려 하지만 토끼는 멀리 토끼장 안에 갇혀 있어 울지 않았다. 특히 그가 공포를 이겨 낼 수 있었던 이유는 지금 기분이 좋기 때문이다. 과자를 먹고 있기 때문에 그는 기분이 좋아서 공포를 억누를 수 있었다. 다음 번 실험에는 토끼장 안에 든 토끼를 좀 더 앨버트 앞에 갖다 놓았고 역시 앨버트에게 과자를 주었다. 이런 식으로 반복 실험을 해서 드디어 실험자는 앨버트로 하여금 토끼를 손으로 쓰다듬는 행동을 재학습하게 만들 수 있었다.

다음에서는 우리가 가진 나쁜 습관을 폐기하는 방법에 관해 예를 들어 설명하기로 한다. 여기서 설명하는 폐기 방법에는 스키너 식의 탈학습 방법뿐만 아니라 다른 인지적 방법도 포함되어 있다.

우리는 누구나 여러 가지 나쁜 습관을 갖고 있다. 그 종류가 하

도 많으므로 하나하나 따로따로 설명하기보다 종류별로 묶어서
그 비밀과 처방법을 살펴보기로 하자.

⊙ 신체 행동 습관

젊은이들이 제일 많이 하는 행동 습관 중의 하나는 볼펜을 손으
로 빙빙 돌리는 것이다. 남에게 불쾌감을 주지는 않지만 습관이
되면 고치기 힘들다. 나이가 들어 회사의 간부사원이 돼서도 사장
앞에서 이런 행동을 하면 '경망하다'는 평을 듣게 된다.

좀 더 심각하고 꼭 고쳐야 할 습관으로는 손톱 물어뜯기, 발 까
불기, 머리카락 쥐어뜯기, 눈 깜박임 등이 있다. 손톱을 가볍게 자
근자근 씹는 행동은 그리 큰 문제가 되지 않는다. 그러나 이것이
중증으로 발전되면 손톱이 깊게 패이고 피가 날 때까지 물어뜯는
다. 따라서 이 습관은 애초에 교정해 중증으로 발전되지 않게 해
야 한다. 그 방법 중의 하나는 손톱깎이를 항상 지참하고 다니는
것이다. 그러나 어렸을 때 부모에게 충분한 애정을 받지 못한 사
람들이 이런 행동을 잘하므로 근본적인 해결 방법은 심리학자나
정신건강의학과 의사의 도움을 받는 것이다.

발을 까부는 것은 당사자에게 신체적으로 해를 끼치지는 않는
다. 그러나 제삼자가 보면 보는 사람도 불편해지고 불안해진다. 그
런데 막상 발을 까부는 사람은 그것이 보기에 흉하다는 것을 모르
고 있다. 내가 좋아하는 테니스 선수인 나달도 발을 잘 까분다. 나
달의 경기를 중계하던 카메라맨이 나달의 버릇을 포착하고는 이

를 카메라에 클로즈업시켰다. 이 행동을 교정하는 한 가지 방법은 다른 사람이 발을 까부는 것을 관찰하게 하는 것이다. 그러면 그 행동이 나쁜 습관이라는 것을 깨닫게 되어 이를 교정한다.

머리를 긁적이는 행동은 그리 나쁜 행동은 아니다. 심리학자들은 연구에 골몰한 학자들이 이런 행동을 잘하는 것을 발견했다. 그러나 머리카락을 쥐어뜯는 것은 몰입증상이 아니고 나쁜 습관이다. 불안을 해소하되 자신을 학대하는 식으로 머리를 쥐어뜯기 때문이다. 한 웅큼씩 머리카락을 뽑는 중증이 되기 전에 이를 교정해야 한다. 그 방법은 뒷짐을 쥐는 습관을 가져 손이 머리로 가지 않도록 하거나, 머리에 꽉 끼는 모자를 착용하는 것이다.

눈을 자주 깜박이는 것은 심리학에서 틱(tic)이라고 부르는데 일종의 불안반응이다. 부모가 자녀를 엄하게 다루거나 공부 스트레스를 받은 사람들이 커서 이런 행동을 한다. 틱을 감추기 위한 한 가지 방법은 안경을 쓰는 것이다. 그러나 제일 근본적인 치료 방법은 정신건강의학과 의사나 심리학자의 상담을 받는 것이다.

침을 자주 뱉는 사람이 있는데 이 습관도 보기에 좋지가 않다. 침을 자주 뱉는 사람은 불쾌하고 거북한 상황을 자주 겪는 사람이다. 이런 사람은 휴지나 손수건을 지참해 이 행동을 교정해야 한다. 그러나 하루아침에 이런 습관이 폐기될 수는 없다. 집안 식구나 주변사람 또는 국가에서 그런 행동을 하는 사람에게 벌금을 물리면 된다. 싱가포르에서는 이 방법으로 침 뱉는 사람이 많이 줄어들었다.

⊙ 사고 습관

많은 사람이 강박적 사고(思考)를 하고 비관론에 빠진다. 길거리를 다닐 때 보도블록의 금을 밟지 않으려 애쓰거나 어떤 선호하는 숫자를 맞추려 애쓴다. 예컨대, 3의 배수를 선호해 계단을 오를 때 4, 5, 7, 8의 계단을 밟지 않으려는 사람들이 있다.

경미한 강박적 사고는 개인의 신체에 해를 주지 않지만 불편감을 주고 심하면 정신병자가 된다. 보도블록의 금을 밟지 않거나 계단을 건너뛰는 사람은 자신이나 남에게 해를 끼치지는 않는다. 그러나 큰 피해를 입을 것이라고 생각하는 피해 망상 사고나 비관적인 생각은 개인생활에 많은 지장을 주고 우울증을 초래한다.

왜 우리는 이런 강박적 사고에 빠지는가? 불안할 때 강박적인 사고를 함으로써 잠시나마 그 불안에서 벗어날 수 있기 때문이다. 즉, 강박적인 사고나 행동을 하면 그 순간에는 불안을 잊을 수 있다. 강박적인 사고와 행동을 하는 사람들이 과감하게 그 습관을 어기면 그 순간부터 이 나쁜 습관에서 벗어날 수 있다. 예컨대, 보도 블럭의 금을 밟아 보고 3의 배수를 어겨 보고 또 낙관적으로 생각해 보는 것이다. 악습관을 폐기했는데도 아무런 문제가 발생하지 않았다는 사실을 자각하면 그때부터 이 습관은 소멸된다.

그러나 중증의 강박적 사고는 바로 정신병자의 증세다. 즉, 피해망상증, 우울증은 모두 강박신경증 또는 우울증 환자가 갖는 증상으로 정상적으로 생활하는 데 큰 지장을 준다. 그러므로 중증의 강박적 사고 습관을 가진 사람은 반드시 정신건강의학과 의사나 심리학자를 찾아봐야 한다.

⊙ 대인관계 습관

시간을 잘 안 지키는 사람이 많다. 약속시간에 늘 늦게 나오는 사람은 정해져 있다. 그런데 왜 이 사람은 시간에 늦게 나오는가? 약속시간이 다 되었는데도 느릿느릿 행동하기 때문이다. 시간을 잘 안 지키는 사람은 남의 관심을 끌려는 의도를 갖고 있다. 즉, 다른 사람이 자기가 오기를 모두 학수고대하는 것에서 자기의 존재를 찾아보려는 잘못된 심리가 깔려 있는 것이다.

대인관계에서 제일 나쁜 습관은 거짓말과 불성실이다. 부부가 이혼하는 가장 중요한 첫 번째 사유가 불성실하기 때문이다. 바람을 피우고도 거짓말하는 것, 비밀을 혼자 간수하는 것 때문에 부부가 이혼한다. 친구관계에서도 성실한 것이 제일 중요하다. 어려서부터 거짓말을 하지 않도록 교육을 받아야 한다. 거짓말을 해서 위기를 모면하거나 득을 본 사람은 거짓말을 습관적으로 하게 된다.

시간을 엄수하는 방법은 벌금을 물리는 것이고 거짓말을 방지하는 방법은 이에 대해 응분의 처벌을 가하는 것이다. 한국 사회에서 거짓말이 횡행하는 것은 거짓말을 그렇게 나쁜 습관으로 취급하지 않기 때문이다. 서구에서 '거짓말쟁이'라는 낙인은 최대의 모욕이다. 닉슨(Richard Nixon)이 워터게이트 사건에서 거짓말을 했기 때문에 탄핵받은 것이 이를 증명한다.

⊙ 과체중, 끽연, 과음

습관 중에 가장 무서운 것은 과식, 끽연, 그리고 과음이다. 이런 나쁜 습관은 우리 수명을 단축하기 때문에 하루 빨리 불식해야 한다. 그러나 누구나 쉽게 이 악습관을 고칠 수 없다는 것이 문제다. 이를 위한 좋은 처방법은 무엇인가?

비만을 운동을 통해 해결하려는 사람이 많다. 그러나 비만은 기본적으로 과식을 금해야 한다. 나도 한때 체중이 72kg이나 나가고 당뇨가 생겨 체중 조절 작전에 들어갔다. 점심을 매식하지 않고 도시락을 싸 갔다. 처음에는 배고픔을 참기 힘들었지만 그때마다 더욱 열심히 책을 들여다보았다. 그리고 오후 너덧 시가 되면 테니스장에 나가 운동을 열심히 했다. 그 결과, 체중이 3~4개월 사이에 무려 7kg이나 줄었다. 그러자 당뇨, 중성지방, 콜레스테롤 수치가 모두 정상치로 돌아왔다. 비만을 방지하는 유일한 방법은 집 밖에서 몰두할 수 있는 일을 찾는 것이다.

술과 담배는 쉽게 중독되기 때문에 이 나쁜 습관을 없애는 것은 지극히 어렵다. 심리학적 금연법에서는 골초에게 골방에서 담배 두 갑을 연거푸 피우도록 강요한다. 그러면 아무리 골초라도 담배 연기에 몸살을 앓게 되고 담배를 보면 소름이 돋는다. 끽연으로 누렇게 변한 심장 사진을 보여 주는 충격요법도 효과가 있다. 고 이주일 씨가 폐암으로 죽으면서 애연가에게 충고하는 광고로 많은 사람이 금연했다.

술도 쉽게 중독되고 금주가 쉽지 않다. 우리나라는 술을 권하는 문화이고 회식 기회가 많기 때문에 알코올중독자가 많다. 그러나 많은 사람이 자기가 알코올중독자란 사실을 모르고 있다. 매일 술을 마시는 사람, 주위에서 술을 자제하라는 충고를 듣는 사람은 확실히 알코올중독자인데 이들에게 치료를 강권해야 한다. 알코올중독자는 금주클럽에 가담하여 서로 금주 방법을 교환하고 격려하는 교육을 받아야 한다.

이상의 여러 가지 나쁜 습관은 모두 심리적인 원인이 있기 마련이다. 그 원인을 파악하고 이를 제거하면 악습에서 벗어날 수 있다. 나쁜 습관은 조기에 철퇴를 가해야 한다. 그렇지 않으면 평생 지니고 살아 추악한 인생을 보내게 된다.

⊙ 컴퓨터 게임중독 및 기타 중독

얼마 전 KBS 1TV '추적 60분' 프로그램에서 게임중독에 관해 방영했다. 컴퓨터 게임을 하다 사망한 사건이 지금까지 11명이나 된다고 한다. 더구나 충격적인 내용은 한 게임중독자가 인터뷰에서 진술했는데 며칠 동안 잠도 안 자고 게임을 하면 마약중독과 같은 쾌감을 경험한다는 것이다.

심리학자들은 인간을 포함한 동물의 뇌에 쾌락중추가 있음을 밝혔다. 쾌락중추는 뇌의 시상하부(thalamus) 근처에 있다. 쥐가 지렛대를 누를 때마다 시상하부에 전기충격이 가게 만들면 쥐는 음식도, 암놈도 거부한 채 지렛대를 며칠씩 누른다. 쾌락을 맛보기 위해서다. 인간에게도 쾌락중추가 있고 스스로를 마비시키는 신경 전달 물질도 만들어 낸다. 예컨대, 우리가 잠을 자는 것은 반은 자기 최면의 결과인데 이때 잠들게 만드는 신경전달물질이 분비되는 것이다.

중독에는 비단 게임중독만 있는 것이 아니다. 성중독, 스포츠중독, 도박중독이 있다. 성중독은 매일 성행위를 하는 것이다. 신혼부부는 거의 매일 성행위를 한다. 신혼기간이 지나면 성행위는 점차 뜸해진다. 그러나 40~50대에 들어서도 매일같이 성행위를 하는 부부도 있다. 이들이 변강쇠 체질일 수도 있지만 분명한 것은 이들이 성에 중독되어 있다는 사실이다. 성중독에 관해서는 이 책의 7장에서 따로 다룰 것이다.

나는 2002년 8월부터 매일같이 테니스를 했다. 가만히 생각해 보니 나도 스포츠중독에 빠진 것이다. 그러나 스포츠중독은 다른 중독에 비해 실보다는 득이 더 많다. 스포츠중독은 우리를 건강해지게 하고 스트레스를 날려 버리기 때문이다.

나의 체험에 비추어 본다면 중독은 어느 정도 열병이자 습관이다. 열병은 정서적으로 고조되어 있어 우리로 하여금 제정신을 차리지 못하게 만든다. 게임중독, 도박이 열병식 중독이다. 반면, 스포츠중독이나 성중독은 습관성 중독이다. 하루 세 끼 밥 먹는 것이 습관화되면 배가 고프든 안 고프든 밥을 먹듯이 성이나 스포츠에 중독이 되면 밤마다 이성을 찾고 운동할 시간이 되면 테니스장으로 달려 나간다.

결론적으로 사람이란 생리적 그리고 습관의 탓으로 중독에 빠지기 쉬운 존재다. 우리는 자신에게 해가 되는 중독에는 엄격히 이를 자제해야 한다. 그러나 유리한 중독은 열심히 추구해야 한다. 연구중독, 봉사정신중독, 이런 것은 없는지 모르겠다.

이 장의 내용을 정리해 보자. 습관이란 무의식적으로 행해지는 것인 바 대부분의 습관은 스키너가 해석한 바와 같이 강화를 받기 때문에 발생한다. 그래서 우리는 자녀에게 좋은 습관을 형성하기 위해서 자녀가 좋은 행동을 하면 이를 놓치지 말고 칭찬해야 한다. 그러면 스키너가 비둘기를 춤추게 만들 듯 우리의 자녀도 춤추게 만들 수 있다.

나쁜 습관을 폐기하는 방법도 스키너의 탈학습 방법을 이용할 수 있다. 나쁜 습관을 가진 아동에게 무조건 야단을 치는 것은 비효과적인 방법이다. 그 아동이 나쁜 습관에서 어떤 강화를 받는지를 파악하여 그 강화를 중화시키거나 제거해야 한다.

스키너의 학습 이론은 인간의 행동이 자기의 의지와는 무관하게 외부에서 주어지는 강화에 따라 형성된다는 것을 밝힌 것이다. 비단 행동뿐만 아니라 정서의 학습도 가능하다는 것을 증명했는데 바로 앨버트를 대상으로 한 실험이다.

스키너는 『웰던 투(Walden Two)』라는 책을 발간했는데 이것은 심리학적 유토피아를 건설하는 계획서다. 즉, 스키너는 우리가 자기가 좋아하는 일을 하면서 어떻게 행복을 누릴 수 있는가 하는 계획을 이 책에서 제시하고 있다.

04

식습관

04
식습관

우리에게 먹는 것처럼 중요한 것은 없다. 살기 위해서도 먹고 맛있는 음식을 먹는 맛에 살맛이 나기도 한다. 그런데 어떤 음식을 어떻게 먹어야 하는지가 아주 중요하다. 왜냐하면 이것이 우리 건강을 좌우하기 때문이다. 그런데 우리가 무엇을 어떻게 먹느냐는 습관행동에 의해 결정된다. 즉, 우리의 음식 섭취 행동은 바로 식습관에 따른다.

우리는 배고프면 음식을 먹는 것으로 알고 있다. 그러나 심리학자들이 조사한 바에 따르면 꼭 배가 고파야 음식을 먹는 것은 아니다. 우리는 대개 시간밥을 먹는다. 시간밥이란 시간을 정해 놓고 아침, 점심, 저녁을 먹는 것이다. 예컨대, 배가 고프지 않아도 정오가 되면 식당을 찾는다. 아침과 저녁 식사 시간도 개인에 따라 일정하게 정해져 있다. 시간밥은 습관이다. 즉, 같은 시간에 늘 밥을 먹었기 때문에 배가 고프지 않아도 이 시간만 되면 음식을 찾는 것이다.

우리는 꼭 필요한 만큼의 식사를 하는 것도 아니다. 사람에 따라 배가 부른데도 불구하고 식사를 끝낸 후에 간식을 하는 사람이 있다. 이런 사람은 과체중이 된다. 왜 간식을 하는가? 하나의 습관 행동이기 때문이다. 이런 사람들은 다이어트를 해야 한다. 그러나 다이어트가 말같이 쉽지가 않다. 왜냐하면 식습관이란 우리의 다른 습관처럼 쉽게 탈피할 수 있는 것이 아니기 때문이다.

이 장에서는 우리의 식습관이 어떻게 형성되고 나쁜 식습관, 구체적으로 말해서 과잉 음식 섭취에 관해서 살펴보기로 한다. 그리고 과체중을 없애기 위한 심리학적 방법을 논의하기로 한다.

음식 기호

사람마다 좋아하는 음식이 따로 있다. 소위 말하는 음식에 대한 기호(嗜好)다. 기호 음식의 공통적인 특징은 그것이 어려서 자주 먹던 음식이라는 것이다. 서양 사람들은 주로 빵을 먹고 한국 사람은 밥을 먹는다. 그런데 이런 음식 기호는 인종과 민족에 따라 결정된 것이 아니다. 각 인종, 민족들이 오래전부터 각기 다른 음식을 주식으로 삼았기 때문이다.

　음식 알레르기를 가진 사람이 주위에 적지 않다. 어떤 사람은 밀가루에 대한 알레르기가 있고 어떤 사람은 치즈, 땅콩, 돼지고기 알레르기가 있어 이런 음식을 먹지 못한다. 만일 이를 섭취하면 두드러기가 생기고 심하면 목숨까지 잃는다. 그런데 재미있는 것은 음식 알레르기는 나라마다 서로 다르다는 것이다. 내 친구 중에는 밀가루 알레르기가 있는 친구가 있다. 그래서 그 친구는 국수를 먹지 못한다. 나를 비롯한 다른 친구들은 국수를 좋아하므로 그 친구와 같이 식사할 때는 서로 눈치를 보아야 한다. 어느 때는 그 친구가 우리와 같이 국수를 청한다. 그래서 우리가 놀란 표정을 지었더니 미리 집에서 알레르기 예방약을 복용했다고 고백한다.

　친구가 밀가루 알레르기를 가진 것은 우리가 주로 쌀밥을 먹는 데서 기인한다. 만일 그 친구가 미국에서 태어났다면 밀가루 알레르기는 없었을 것이다. 어렸을 때부터 늘 빵을 먹었을 것이기 때문이다. 밀가루 알레르기를 가진 내 친구는 쌀밥 알레르기가 없다. 왜? 친구가 어렸을 때부터 지금까지 먹어 온 음식이 쌀밥이기 때문이다.

　한국 사람이 손에 놓치지 못하는 음식은 무엇일까? 그것은 바로 김치다. 한국인은 김치에 중독이 되었다고 말할 정도로 김치를 선호한다. 저자가 미국에서 공부할 때 한동안은 학교 식당에서 끼니를 때웠다. 그래서 하루 세 끼 서양식만을 먹었다. 내가 음식을 가려 먹는 타입이 아니어서 그런대로 학교 식당 음식을 마다하지는 않았다. 그러나 김치를 먹고 싶은 욕망을 지울 수가 없었다. 그래서 매주 토요일 점심에는 학교 근처 한국 식당을 찾아가 식사를 했다. 그 이유는 무엇보다 김치가 먹고 싶었기 때문이다. 그 식당은 배추김치 대신 양배추 김치를 담가 좀 서운했다. 그래도 오랜만에 숙성된 김치를 맛보니 살맛이 났다. 왜 나처럼 한국 사람이 김치중독에 빠졌는가? 어려서부터 매일 먹어 온 음식이 바로 김치였기 때문이다. 그래서 우리의 음식 기호는 다름 아닌 습관에 의해서 생긴 것이다.

김치도 지방색을 띠고 있다. 경상도 김치는 매운 반면, 서울 김치는 맵지가 않다. 나는 경상도식 김치를 잘 못 먹는다. 너무 맵기 때문이다. 그래서 우리 집 김치는 고춧가루가 많이 들어가지 않는다. 경상도 출신이 우리 집에 와서 김치를 보고는 김치가 빈혈(貧血)에 걸렸다고 깔깔 댄다. 그러나 나는 우리집 김치가 일품이다.

왜 이렇게 지방마다 음식의 조리법이 서로 다르고 지방 사람마다 기호 음식이 다른가? 지방에 따라 기후가 다르고 재배하는 음식 재료가 다르기 때문일 것이다. 예컨대, 더운 지방의 음식은 맵다. 그 이유는 덥기 때문에 식욕이 없어 식욕을 돋우려고 고춧가루를 많이 사용하기 때문이다. 그래서 지방마다 김치 담그는 법이 다르고 지방인들의 기호가 다른데 이것이 습관이 되는 것이다.

외국인과 결혼한 사람들이 노후에 이혼을 하는 경우가 잦다. 그 이유는 무엇일까? 바로 음식 기호 때문이다. 젊었을 때는 그런대

로 배우자 한쪽의 기호 식품에 다른 배우자가 맞추어 식단을 꾸린
다. 미국인과 결혼한 한국인은 미국에서 살 때 주로 서양 음식, 예
컨대 빵, 스테이크, 샐러드, 감자, 옥수수 등을 먹는다. 젊었을 때
는 그런대로 서양 음식에 거부감을 갖지 않고 이를 잘 견뎌 낸다.
그런데 나이가 들어 노인이 되면 더 이상 서양 음식을 먹기 힘들
다. 음식 통제를 위해 사용한 에너지가 이제는 늙어 고갈되었기
때문이다. 반면, 고국 음식에 대한 향수, 즉 음식 기호가 되살아나
고국 음식을 갈망하게 된다. 그러다 보면 음식 때문에 부부간에
갈등이 생기고 이혼을 하고 드디어 귀국한다. 그만큼 식습관은 중
요한 것이다.

   왜 젊었을 때는 한국 음식을 고집하지 않던 사람이 늘그막에 이
를 고집하는가? 또 다른 이유 중의 하나는 우리의 습관, 특히 식습
관을 폐기하는 것이 어렵기 때문이다. 스키너의 작동 조건형성 실
험에서 실험자는 비둘기가 구멍을 쪼면 먹이를 떨어뜨린다. 그러
다 어느 순간부터 비둘기가 구멍을 쪼아도 더 이상 콩을 떨어뜨리
지 않는다. 그러면 비둘기가 얼마간 구멍을 쪼다가 이를 중단한
다. 왜? 보상을 받지 못하기 때문이다. 심리학자는 이 현상을 조건
형성(또는 학습)의 소거(消去)라고 부른다. 즉, 학습했던 것이 사라
졌다는 뜻이다. 그런데 소거 이후에 아주 재미있는 사실이 밝혀졌
다. 소거 후 실험자는 비둘기가 우연히 구멍을 쫀 경우 먹이를 떨
어뜨렸더니 놀랍게도 금방 구멍을 쪼기 시작하고 그 쪼는 속도가
이전의 콩을 떨어뜨려 주던 보상 시기와 똑같이 빨라졌다. 즉, 조

건형성(학습)이 회복된 것이다. 이렇게 학습이 일단 소거된 후라도 빠른 시간 내에 학습회복이 나타난다는 사실은 우리가 이전에 학습한, 즉 습관화한 행동이 매우 강해서 이를 폐기하기 힘들다는 것을 반증한다.

ⓥ 음식의 혐오

우리 각자가 좋아하는 음식이 있는가 하면 반대로 어떤 음식은 회피하고 심한 경우에는 먹으면 토하고 체하는 수가 있다. 왜 어떤 사람에게는 기호 음식이 어떤 사람에게는 혐오 음식이 되는가? 이것도 학습경험으로 설명할 수 있다.

우리 모두는 삶은 달걀을 좋아한다. 우리가 잘살지 못했던 한국 전쟁 시절에는 달걀 하나를 먹는 것이 하나의 사치로 생각되었다. 그래서 특별한 날, 예컨대 소풍이나 잔칫날에만 달걀을 구경 할 수 있었다. 그런데 재미있게도 주위에 삶은 달걀을 먹지 못하는 사람이 있다. 이를 어쩌다 먹으면 토하고 체하기 일쑤다. 왜 그 사람은 달걀에 대한 혐오가 생겼을까? 달걀과 관련해 고통스러운 경험을 했기 때문이다. 즉, 어느 날 달걀을 먹고 체해 토하고 설사하여 죽다가 살아난 적이 있기 때문이다.

우리 몸에게 위해를 준 식품에 대해서는 우리 몸이 굉장히 예민하게 반응한다. 이런 원리를 이용해서 미국에서는 한때 늑대 퇴치

작전을 벌였다. 그 작전을 벌이게 된 경위와 그 성과를 이야기해
보자.

　미국의 목장주들이 고민하는 것 중의 하나는 소나 양들이 늑대
떼로부터 공격을 받아 손해 보는 일이 많은 것이다. 늑대를 박멸
하고자 여러 가지 방법을 다 써 보았다. 총을 들고 밤을 새워 가며
카우보이들이 늑대로부터 가축들을 보호하려 했지만 늑대는 약아
터져서 소기의 성과를 거두지 못했다. 그래서 목장주들이 동물심
리학자를 찾아와 조언을 구했다. 동물심리학자들은 늑대에게 혐
오학습을 시키기로 했다. 그 방법은 양을 한 마리 죽여 그 양의 몸
에 아주 엄청나게 쓴 약을 발라 두는 것이다. 그러나 그 약은 독약
이 아니어서 늑대가 죽는 일은 없었다. 동물심리학자의 조언을 그
대로 실천한 결과는 아주 성공적이었다. 늑대는 죽은 양을 보고
'이게 웬 떡이냐?' 하고 덥썩 양고기를 물어뜯었다. 그 순간 그는
입 안이 너무 써서 펄쩍 뛰고 아우성을 쳤다. 그리고는 줄행랑을
놨다. 그다음부터 그 늑대는 양만 보고는 지레 겁을 먹고 도망간
다. 카우보이가 늑대를 쫓을 필요가 없어진 것이다.

　그런데 이 방법은 동물 보호론자들의 거센 항의로 미국에서 법
으로 금지시켰다. 그 이유는 늑대가 모두 아사(餓死) 직전에 놓였
기 때문이다. 단 한 번 쓴 약을 바른 양고기를 시식했던 늑대는 배
가 고파 죽더라도 절대로 양을 공격하지 않는다. 양을 보자마자
과거에 양을 한입 먹고 거의 죽었다 살아난 기억이 떠올랐기 때문
이다. 그만큼 유기체의 음식에 대한 혐오학습은 강력한 것이다.

심리학자들이 다른 여러 가지 학습, 예컨대 운동, 공부, 태도, 가치관 학습에 비해 왜 음식에 대한 혐오학습이 쉽게 형성되는가, 즉 다른 학습은 수십 번의 시행(試行)을 거쳐야만 습관화되는데 음식 혐오학습은 단 한 번의 경험으로도 학습되는가를 숙고(熟考)했다. 그 결과 음식 혐오학습은 유기체의 생존과 깊은 관련이 있고 잘못 학습하면 죽을 수 있는 학습이기에 우리의 몸이 혐오음식에 예민하고 따라서 혐오학습은 단 한 번으로도 이루어진 학습된다고 결론 내렸다.

음식에 대한 혐오는 인간에게도 마찬가지로 적용된다. 그래서 어떤 사람은 미꾸라지, 장어, 개고기, 소라, 닭고기, 돼지고기, 땅콩 등을 혐오하는데 그 이유는 그 사람이 이런 식품과 관련해 어떤 끔찍한 경험을 했기 때문이다. 반대로 이런 식품을 좋아하는 사람은 지천으로 많은데 그 이유는 그들이 이 식품에 대한 나쁜 경험이 없었기 때문이다.

음식에 대한 기호와 혐오는 모두 습관이 형성된 것이고 이 습관 형성에 보상이 뒤따랐기 때문이다.

식습관의 변화

앞에서 말한 바와 같이 간식을 하는 사람은 체중이 늘기 마련이다. 그런데 간식도 습관화된 행동이다. 아래에서는 간식이 습관화

되는 과정을 예를 들어 먼저 살펴보고 다음 이 습관을 폐기하는
방법을 소개하기로 한다.

K는 매일 오후 네 시가 되면 일자리에서 일어나 식당에 간다.
그곳에 가서 땅콩과자를 사서 친구와 함께 담소하면서 과자를 먹
는다. 이렇게 하다 보니 체중이 점점 늘기 시작했다. 그래서 체중
관리 전문가를 만나 상담을 받았다. 체중관리 전문가는 그에게 습
관이란 반복하는 하나의 고리(loop)로 간주할 수 있는데 자신의 고
리가 어떤 것인지를 잘 분석해 보라고 권했다. K는 곰곰이 생각해
자기의 습관이 어떻게 반복되는가 하는 그 과정을 기록해 보았다.
그랬더니 그 과정은 다음과 같았다. 먼저 오후 네 시 책상에서 일
어난다. 그다음 식당으로 가서 과자를 산다. 그리고 친구와 잡담
하면서 과자를 먹는다. 전문가는 K에게 그의 습관에서 보상을 주
는 것이 무엇인가를 색출해 보라고 말했다. 그것은 과자에 대한
식욕 해소, 일에서 잠시 해방, 친구와의 잡담 등 세 가지 중 어느
하나일 수 있다. K가 자신을 분석한 결과, 과자에 대한 식욕은 아
니었다. 왜냐하면 과자 대신 사과를 먹을 수도 있기 때문이다. 일
에서의 해방도 보상을 주는 것 같지 않았다. 왜냐하면 그렇다면
잠시 일을 떠나 회사 밖을 산책하면 되기 때문이다. 그렇다면 마
지막으로 남은 것은 친구와의 잡담이다. K는 그의 추론을 검증하
기 위해 오후 네 시에 책상에서 일어나 다른 친구 책상으로 가 잡
담을 하였더니 더 이상 식당에 가서 과자를 사 먹지 않아도 되었
다. 이렇게 해서 K는 간식하는 습관을 폐기했다.

K가 식습관을 교정할 수 있었던 것은 그의 습관에 일대 혁신을 일으키지 않고 그의 보상을 그대로 유지했기 때문이다. 즉, 그는 친구와 잡담하는 것이 자기 습관에 보상을 주는 것임을 알고 이를 바꾸지 않았다. 그리고 시간대, 즉 오후 네 시도 바꾸지 않고 잠시 일에서 떠나는 행동도 바꾸지 않았다. 다만 과자를 사는 행동만을 폐기했을 뿐이다. 그래서 그는 쉽게 자기 식습관을 바꿀 수 있었고 그 결과 약 10kg의 몸무게를 단기간에 감소시킬 수 있었다. 보통 습관은 중독과 같아서 폐기하기가 너무 어렵다. 그런데 습관을 폐기할 때 많은 사람이 습관과 관련된 행동을 모두 바꾸어 보려한다. 예컨대, K의 예를 든다면 네 시에 일자리에서 일어나지도 않고 식당에 가지도 않고 친구와 담소도 하지 않는다. 그런데 이런 식으로 습관을 폐기하는 방법은 성공하지 못한다. 왜? 습관과 관련된 몇 가지 행동이 이미 모두 습관화되었기 때문이다. 그래서 폐기하기가 무척 힘들다. K가 한 것처럼 습관형성에 개재된 한 가지 행동, K의 경우에는 '과자를 사는 행동'만을 바꾸거나 제거해야 효과적으로 습관을 폐기할 수 있다.

이제 습관이 어떤 단계를 거치는지를 살펴보기로 하자. 그 첫 번째 과정은 단서 자극의 촉발이고 두 번째는 습관화한 행동이 수행되는 것이고 세 번째는 보상을 받는 것이다. 쥐를 사용해 미로 학습을 실험한 연구 결과를 예로 들어 습관의 진행 단계를 좀 더 자세히 설명해 보면 다음과 같다. 자주 실험에 사용된 도구는 영어 T자형 미로다. 입구에는 차단막이 설치되어 있고 T자형 미로

오른쪽 칸에 치즈 조각을 넣어 둔다. 쥐를 이 미로 입구에 갖다 놓고 버저를 울림과 동시에 차단막을 위로 올린다. 쥐는 처음에는 미로의 곳곳을 냄새 맡고 주춤거리기도 한다. 그리고 어느 때는 미로 끝 왼쪽 방에 잘못 들어간다. 그곳을 탐색하다가 다시 돌아나와 오른쪽 방으로 간다. 거기서 바라던 치즈를 발견하고 쥐는 치즈를 맛있게 먹는다. 이런 식으로 실험을 여러 번 하면 미로에 놓이자마자 쥐는 실수 없이 바로 미로를 달려 오른쪽 방에 가서 치즈를 먹는 행동을 학습하게 된다.

쥐의 미로학습은 처음에는 치즈 방을 찾아가는 시간이 길다가 실험을 계속함에 따라 점차 빨라진다. 이때 쥐의 뇌 속에 작은 전극을 꽂아 놓고 쥐의 뇌 활동을 전자파를 통해 기록하면 재미있는 현상이 나타난다. T자형 미로의 차단막 앞에 놓인 쥐에게 실험자

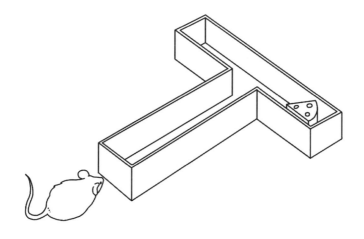

[그림 4-1] T자형 미로

가 버저를 울리면 쥐의 뇌 부위에서 스파크(뇌의 시냅시스에 강한 활성화)가 발생한다. 버저 소리는 쥐의 습관화를 자극하는 단서가 되는 자극 단서(stimulus cue)가 되는데 자극 단서를 보거나 들으면 뇌에서 스파크가 발생하는 것이다. 그 후에 쥐는 어떤 습관행동을 택할지를 결정한다. 즉, 습관화된 행동(routine)이 나타난다. 그런데 이 습관화된 행동을 할 때는 뇌에 스파크가 발생하지 않는다. 그것은 쥐가 거의 무의식적으로 행동한다는 뜻이다. 그다음 마지막으로 치즈를 발견하고 이를 먹는 행동이 발생하는데 이때도 뇌에 스파크가 발생한다. 즉, 보상을 받을 때도 뇌에 스파크가 발생한다.

이 실험을 통해 우리의 습관행동이 어떻게 발생하는지를 알 수 있고 그것을 토대로 습관행동을 강화하거나 폐기할 수 있다. 예컨대, 체중감소를 위해 아침에 조깅을 습관화하려는 사람을 생각해 보자. 아침에 일찍 일어나는 것은, 특히 추운 겨울에 일어나는 것은 쉽지가 않다. 그럴 때 자기도 모르게 이부자리를 박차고 일어나게 하는 좋은 방법은 조깅습관을 불러일으키는 자극 단서, 즉 조깅운동화를 바로 머리맡에 두는 것이다. 우리는 조깅운동화를 보는 즉시 자기도 모르게 조깅 단계로 들어가는 준비를 하게 된다. 그것은 마치 T자형 미로에 놓인 쥐에게 버저가 울리는 상황과 같다. 버저 소리에 쥐의 뇌에 강한 스파크가 발생하여 쥐로 하여금 미로를 달릴 준비를 하게 만든다. 조깅화를 목격한 사람도 자기도 모르게 자기 뇌에 스파크를 일으켜 자리를 박차고 일어나게 된다. 그리고 일단 일어나 조깅운동화를 신으면 그다음부터의 행동은 자동적이어서 대문을 열고 집을 나서는 것이다. 독자들은 이런 예를 듣고 쉽게 납득하지 못할 것이다. 정말 조깅화를 옆에 두면 조깅 습관이 활성화되는가? 그렇다. 이것은 사실인 바 쥐를 T자형 미로 앞에 놓기만 해도 쥐의 앞발이 자동적으로 위로 올라가고 몸을 움추려 달릴 태세를 갖춘다. 이때 쥐의 달릴 준비는 차단막을 보고 버저가 울림과 동시에 무의식적으로 자기도 모르게 행하는 것이다. 즉, 습관이 되면 자극 단서는 대뇌에 스파크를 일으키고 우리로 하여금 습관행동을 하게 만든다. 습관적 운동 수행은 중추신경계에서 맡는데 습관행동이 중추신경을 통해 이루어진다는 사실은 습관이 바로 무의식적인 행동임을 암시한다.

자극 단서는 여러 가지가 될 수 있다. 시간밥을 먹는 사람에게는 시간이 자극 단서다. 즉, 그는 시계가 12시를 가리킴에 따라 배가 고프든 말든 식당으로 간다. 장소도 자극 단서가 된다. 미로학습에서 쥐가 T자형 미로 앞에 서면 미로를 달리는 행동을 할 준비가 시작된다. 그래서 미로학습 장소는 쥐에게 자극 단서가 된다. 사람도 자극 단서가 된다. 아버지에게 학대를 당한 자식은 아버지를 볼 때마다 식은땀을 흘린다.

시간밥을 먹는 사람이 그 습관을 없애는 한 가지 방법은 시계를 차고 다니지 않는 것이다. 이와 비슷하게 아버지에게 학대를 당한 사람은 아버지를 떠나 가출하면 된다. 이렇게 자극 단서를 없애면 그에 따라 우리의 습관행동이 점차 줄어든다. 그러나 일단 습관화된 행동은 다시 재학습되기 쉽다. 즉, 비둘기 실험에서 본 것처럼 소거되었던 비둘기의 쪼는 행동이 단 한 번의 보상으로 재빨리 회복되었다. 그래서 이내 비둘기가 학습 수준 시의 쪼는 속도로 급속히 구멍을 쫀다. 이는 사람의 경우도 마찬가지여서 학대했던 아버지의 얼굴을 다시 대면하면 그는 식은땀을 다시 흘리게 된다.

보상이란 우리의 욕구, 갈망을 충족시켜 주는 것을 말한다. 쥐에게 있어서 보상은 치즈이고 앞에 말한 K에게 보상은 그가 애초에 생각했던 과자가 아니고 친구와의 담소다. 체중감소를 원하는 사람에게 있어 보상은 체중감소 그 자체이고 또 날씬한 사람이 입는 옷을 입게 된 것도 보상이다. 부모, 친구, 상사의 칭찬, 노벨상 수상 등은 모든 사람에게 보상으로 작용한다.

♀ 귀인과 체중감소

체중감소에 특효약이란 없다. 물론 체지방을 수술로 제거하거나 위를 대폭 잘라 버리는 방법이 있긴 하지만 이것은 바람직한 방법이 아니다. 체중이 200kg 이상 나가 목숨이 위태로운 사람이나 시도해 볼 수 있는 방법이다.

일반인에게 있어 가장 바람직한 체중감량 방법은 식사량을 줄이고 운동량을 늘이는 것뿐이다. 그러나 운동량을 늘인다 해서 반드시 좋은 성과를 기대할 수는 없다. 나는 한때 체중이 불기 시작했다. 그러니까 혈당지수도 덩달아 높아졌다. 그래서 부득불 체중 감소 작전에 들어가 운동량을 늘렸다. 평소 한 주에 두세 번 하던 테니스를 매일매일 하는 것으로 바꾸었다. 그랬더니 오히려 식욕이 더 발동되어 과식하게 되고 더불어 체중이 72kg까지 상승했다. 그래서 방향을 바꾸어 식사량을 줄이기로 해 보리밥으로 점심을 때웠다. 그랬더니 4개월만에 체중이 65kg으로 7kg이나 감소했다.

나의 경우와 같이 과체중을 줄이는 제일 좋은 방법은 소식하는 것이다. 그런데 이것을 지키기가 그리 쉬운 일이 아니다. 의사와 체중감소 계획을 세우고 이를 시도한 많은 사람이 첫 며칠간은 소식하다가 그다음에는 억눌렸던 식욕이 되살아나 잔뜩 음식을 먹는 경우가 많다. 그러면 체중이 늘어나고 다음 번에 의사를 만나 상담 받을 때 야단맞는다. "왜 그렇게 결단력이 부족하세요?" "참을성이 부족하네요!" 등등. 의사에게 이런 꾸지람을 받은 환자는 더욱 의기소침하고 자신감을 잃어버린다. 그래서 '에라, 될 대로 되라!' 하고 자포자기해 음식을 먹고 싶은 대로 먹고 마침내 체중감소 프로그램에서 이탈한다.

그런데 만일 체중관리를 담당하는 심리학자에게 그런 환자가 온다면 그는 환자를 책망하지 않는다. 환자에게 "어떻게 하다가 과식을 하게 되었습니까?" 하고 캐묻는다. 그러면 환자는 음식점에 들어가 냉면을 먹고자 했는데 옆자리 손님이 갈비를 주문해 갈비를 굽고 있었다고 말한다. 갈비 굽는 냄새가 진동하고 그 갈비 냄새에 그만 식욕이 동해 자기도 갈비를 시키고 이를 실컷 먹었노라고 고백한다. 그러면 심리학자는 환자에게 과식을 하게 된 것은 당신 잘못이 아니라고 설명한다. 즉, 환자가 과식한 행동의 원인이 환자 자신에게 있지 않고 환자가 갈비를 주문한 손님 옆에 우연이 잘못 앉았기 때문이라고 설명한다. 그리고는 다음에는 갈비를 굽는 냉면집에 가지 말고 냉면만 파는 음식점으로만 가라고 충고한다.

심리학에서는 우리가 어떤 사건이 발생한 경우(이 경우 환자의 과식행동) 그 발생 원인이 어디에 있는가를 찾아보기 마련이라고 주장한다. 이때 우리가 원인 추론하는 방법을 귀인(attribution)이라고 부른다. 모든 행동은 그 원인이 있기 마련이다. 그런데 잘한 행동, 예컨대 입사시험 합격의 원인을 나에게 귀인하면, 즉 좀 더 구체적으로 나의 노력으로 귀인하면 나의 자존감은 높아진다. 반대로 입사시험의 불합격과 같이 창피한 행동을 나에게 귀인하되 나의 능력 부족으로 귀인하면 나의 자존감은 떨어지고 마음에 상처를 받는다. 그래서 앞에서 예로 든 것처럼 심리학자는 체중감소 프로그램에 실패한 환자에게 그 잘못을 환자 자신이 아닌 다른 외부에 귀인한다.

잘못된 과식행동의 원인을 환자에게 돌리지 않고 반대로 잘한 섭식행동은 환자에게 귀인해 주면 이를 반대로 해 주는 경우에 비해 환자가 자포자기하지 않고 자신감을 가져 과식행동을 하지 않는다. 오히려 자신감을 갖고 소식(小食)을 지속한다.

정리한다면 음식 기호는 습관에 의해 형성된 것이다. "고기도 먹어 본 사람이 맛을 안다."라는 우리의 속담은 진실이다. 우리가 가장 맛있다고 생각한 음식은 우리가 어렸을 때 어머니가 자주 해 주던 음식이다. 저자의 아내는 고향이 강원도라서 메밀전을 즐겨 먹는다. 그런데 이런 것을 한 번도 먹어 보지 못한 서울산인 저자 는 메밀전에 식욕이 발동하지 않는다.

음식 혐오도 음식 기호 습관처럼 형성된다. 음식 혐오가 생기는 이유는 그 음식과 관련한 아주 부정적인 경험을 했기 때문이다. 음식혐오증은 쉽게 교정되지 않는데 그 이유는 우리 몸이 혐오하 는 음식에 대해 굉장히 민감하기 때문이다.

잘못된 음식 습관을 가지면 우리는 과체중이 되기 쉽다. 군것질, 폭식 등은 그런 행동을 유발하게 한 원인이 있다. 그리고 이런 잘 못된 음식행동은 습관에 따른 것이다. 그런 습관을 고치는 방법은 습관을 촉발하는 자극 단서를 회피하고 또 보상을 해 주지 않거나 귀인을 본인에게 하지 않고 다른 것으로 방향을 돌리는 것이다.

체중조절을 시도했다가 금방 다시 폭식을 해 원점으로 되돌아 오는 경우가 많다. 이것을 '요요' 현상이라고 부르는데 이런 요요 현상이 생기는 것은 일단 습관이 되면 이 습관을 폐기하는 것이 그만큼 어렵기 때문이다. 즉, 학습이 소거된 후라도 학습이 재발 생하는 것이 다반사다.

05

습관과 소비행동

05
습관과 소비행동

최근 습관을 소비행동과 연관시켜 이를 마케팅 전략에 활용하는 분야가 소비자심리학 및 경영학에서 크게 번성하고 있다. 이런 분야가 급성장하게 된 것은 '빅데이터(Big data)'라는 새로운 통계학 분야의 등장과 맞물려있다. 빅데이터란 소비자에 관한 대량의 갖가지 정보를 말한다. 요즘 우리는 신용카드, 인터넷 쇼핑 등을 통해 물건을 구입한다. 그러다 보니 우리가 구매한 상세한 내용은 물론 우리의 신상정보가 낱낱이 드러나게 된다. 예컨대, 내가 어느 곳에서 무슨 물건을 구매했는지에 관한 모든 정보와 내가 누구라는 신상정보가 한데 모아지게 된다. 이렇게 모아진 정보를 통칭 빅데이터라고 부른다.

마케팅 및 광고 심리학자에게는 자사 제품의 소비자가 누구이며 또 소비자가 어떤 이유로 물건을 구매했는지에 관한 정보는 고급 정보에 속한다. 왜? 그것을 알면 자사 제품을 누구를 대상으로 하고(즉, 소비층의 확인), 더 나아가 어떤 방식으로 광고할지를(즉, 소비자의 구매행동을 어떤 식으로 자극하는) 쉽사리 결정할 수 있기 때문이다.

또 최근 빅데이터의 발달로 소비자심리학 분야에 새로운 패러다임이 발생하고 있다. 지금까지 소비자심리학에서는 실험실에서 십여 명의 소비자를 대상으로 소비행동을 연구하거나 여론조사 방식으로 자사 제품의 만족도 등을 조사하였다. 그런데 이런 방법의 문제점은 소비자심리학의 가설을 검증하거나 소비자의 의견을 조사하는 것으로 끝나는 한계점이 있다. 설상가상으로 빅데이터를 분석해 보니 지금까지 소비자심리학자들이 세운 가설이 틀렸다는 사실이 드러났다. 지금까지 소비자심리학에서는 소비자가 어떤 욕구를 만족시키기 위해 상품을 구매한다고 가정해 왔다. 즉, 우리가 커피를 구매하는 이유는 커피의 향을 즐기기 위한 것이라고 주장한다. 그러나 최근 소비자를 연구해 보았더니 소비자는 커피 향을 즐기지만 이 욕구보다는 친구를 만나 수다를 떠는 욕구 때문에 커피를 찾는다는 사실이 밝혀졌다.

우리가 특정 브랜드를 선호하는 것도 반복된 습관의 결과라는 것이 밝혀졌다. 즉, 우리가 A상품보다 B상품을 선호하는 것이 두 상품에 어떤 차별이 있다기보다는 습관적으로 B상품을 구매해 왔기 때문이다. 우리가 습관을 바꾸는 것은 아주 힘들다. '세 살 버릇이 여든까지' 가는 식으로 한 번 우리가 어떤 상품을 구매하게 되면 그 상품을 계속 구매하게 된다. 이렇게 우리는 상품을 구매할 때 요리조리 따져 보고 물건을 고르기보다는 과거의 습관이 그대로 발동하는 소위 브랜드 충성도(brand royalty)에 따른다. 그리고 일단 브랜드 충성도가 형성되면 이것을 다른 브랜드로 바꾸는 것은 거의 불가능하다.

과거 여론조사 방식의 소비행동 조사도 문제점이 있는 것으로 드러났는데 소비자들이 의식적으로 물건을 구입하기보다는 무의식적 또는 습관적으로 소비하기 때문이다 그럼에도 불구하고 과거 마케팅 조사에서는 설문지를 통해 소비자에게 의식적인 소비행동을 물었다. 반면 그들이 무의식적으로 습관적인 구매를 한다는 생각은 해 보지도 못했다. 그렇기 때문에 과거의 여론조사 방식으로 조사한 마케팅 연구 결과는 그 대부분이 엉터리거나 신뢰할 수 없는 자료가 된다. 그런데 빅데이터는 소비자의 실제 구매행동을 토대로 한 것이므로 이 자료는 부정할 수 없는 생생하고 신뢰할 수 있는 정보자료다.

이 장에서는 소비행동을 습관과 관련해 고찰해 보고자 한다. 이 주제를 따로 한 장으로 취급한 이유는 소비행동이 심리학과 경영학에서 굉장히 중요한 분야이고 또 최근 빅데이터 분야의 등장으로 소비자심리학이 새로 쓰여져야 하기 때문이다.

💡 무의식적 소비행동

소비행동이 무의식적으로 행해진다는 사실은 오래전 미국에서 이미 밝힌 바 있다(이훈구 역, 1990). 1950년 네스 커피회사에서는 네스카페(Nescafe)라는 인스턴트커피를 만들어 이를 시장에 선보였다. 네스 커피회사에서는 신상품인 인스턴트커피가 크게 히트를 칠 것이라고 예상했다. 그 이유는 주부가 원두커피를 마시려면 여러 가지 도구를 준비해야 하고 그것을 만드는 데 시간이 오래 걸리는 반면, 인스턴트커피는 물만 끓이면 되기 때문이다. 그래서 인스턴트커피는 시간 절약을 미덕으로 삼는 미국 사회에 아주 딱 어울리는 상품이라고 자부했다. 그러나 시판된 지 오래되어도 인스턴트커피는 매상고가 영 올라가지 않았다. 그래서 회사에서는 소비자를 대상으로 이 커피에 대한 소비자 태도를 조사하기로 결정했다.

먼저 심리학자가 소비자에게 "당신은 인스턴트커피를 사용하십니까?"라고 묻고 만약 소비자가 "아니요."라고 대답하면 이어 "인스턴트커피의 어떤 점을 싫어하십니까?"라고 질문했다. 그랬더니 소비자는 머뭇머뭇하고 뚜렷한 기피 이유를 밝히지 못했다. 그래서 심리학자는 소비자가 커피를 구매하는 행동은 무의식적이거나 습관에 의한 것일 것이라고 추리하여 그 무의식적인 구매 동기를 찾아보려 다음과 같은 실험을 했다. 〈표 5-1〉에서 보는 바

와 같은 두 종류의 쇼핑 목록을 마련하고 소비자에게 다음과 같이
말했다. "당신에게 어느 두 명의 주부가 각자 쇼핑한 목록을 보여
드리겠습니다. 이 두 가지 목록을 잘 살펴보시고 각 목록의 주인
공이 어떤 성격의 주부인가를 자유롭게 머리에 떠오르는 대로 말
씀해 주십시오."

〈표 5-1〉 인스턴트커피 연구에 사용된 쇼핑 목록

목록 1	목록 2
랭포드 분말효소 1통	랭포드 분말효소 1통
원더 빵 2봉지	원더 빵 2봉지
당근 1개	당근 1개
네스카페 인스턴트커피	맥스웰하우스 원두커피 1파운드
햄버거 1.5파운드	햄버거 1.5파운드
델몬트 복숭아 2통	델몬트 복숭아 2통
감자 5파운드	감자 5파운드

앞의 두 쇼핑 목록은 거의 똑같고 한 가지만 다르다. 목록 1에는
인스턴트커피가 있는 반면, 목록 2에는 원두커피가 들어가 있다.
이 연구의 목적은 조사 대상자가 각각 다른 커피, 즉 인스턴트커피
와 원두커피를 사는 사람에 대해 어떤 이미지를 갖는지를 조사하
기 위한 것이다. 이미지란 조사 대상자가 '그 주부는 어떤 종류의
또는 어떤 성품의 주부다.'라고 생각한 내용이나 감정을 말한다.
  어떤 커피를 구매했는가에 따라 조사 대상자는 커피 구매자의
성격을 전혀 다르게 묘사했다. 조사 대상자의 약 50%가 인스턴트

커피를 산 주부에 대해 살림을 잘 못하고 쇼핑을 멋대로 하는 게으른 주부라고 평했다. 더불어 조사 대상자의 12%가 그 주부가 낭비벽이 있고 나머지 10%는 알뜰한 주부가 아니라고 말했다. 반면, 원두커피를 구매한 주부에 대한 평가는 완전히 달랐다. 원두커피를 산 주부는 모든 면에서 좋게 평가하고 부정적으로 말하지 않았는데 그 주부를 낭비벽이 있다고 폄하한 사람은 한 사람도 없었다.

이 조사 결과는 몇 가지 중요한 사실을 지적하고 있다. 첫째, 주부는 기존 커피 제품, 즉 원두커피에 대한 습관이 있어 새로 등장한 상품인 인스턴트커피에 대해 강한 거부감을 갖고 있다. 둘째, 커피를 구매할 때 고려하는 것은 바로 커피제품의 특성만이 아니다. 자신이 생각하고 있는 주부상, 즉 주부에 대한 이미지에 걸맞는 제품이어야 한다는 것이다. 그런데 원두커피는 알뜰한 주부상에 알맞다. 그 이유는 커피를 갈아서 이를 포트에서 끓이고 걸러내는 일련의 과정을 주부가 해야 하기 때문이다. 반면, 인스턴트커피 사용자는 여러 과정을 생략하고 물만 끓이기 때문에 날라리 주부 또는 게으른 주부의 이미지를 풍긴다.

이 커피 연구가 중요한 것은 커피 구매 동기가 반드시 커피 향을 즐기기 위해서 또는 친구와 담소하기 위해서가 아님을 밝혀낸 것이다. 어떤 커피를 구매할 것인가는 앞의 두 가지 커피구매 동기(커피 향과 친구와의 담소)보다 더 중요한 자신의 주부상을 만족시키기 위한 것이다. 즉, 간단하게 준비할 수 있는 인스턴트커피를 마다하고 구태여 원두커피를 고수하는 것은 자기가 알뜰한 주부로 평가받으려는 욕구를 가지고 있고 이 욕구를 충족시키기 위한 것이다. 더불어 이전의 원두커피 구매 습관에 대한 폐기가 쉽지 않기 때문이다. 커피를 준비하는 과거의 방법, 즉 물을 끓이고 원두커피를 갈고 이를 걸러 내는 과정이 습관화되어 있어 새로운 습관, 즉 물만 끓이는 방법은 마뜩하지 않은 것으로 간주했다. 그래서 새 습관이 과거 습관을 대체하기가 힘들었다.

이 연구 결과는 기존 소비자심리학의 학설을 전면 부인한다. 앞에서 잠깐 이야기했지만 기존의 소비행동심리학에서는 소비자는 구체적인 소비욕구가 있고 이것을 만족하기 위해 소비행동을 하는 것으로 간주했다. 예컨대, 배가 고프면 음식을 찾고 목이 마르면 맥주를 마신다. 그래서 기존 광고전략은 이 소비욕구를 자극하는 식으로 제작했다. 예컨대, 김이 모락모락 나는 라면을 먹는 장면이나 사막에서 목이 말라 물을 찾는 대상(隊商)을 주 일러스트레이션으로 삼았다. 그러나 최신 소비자심리학 연구는 앞의 커피 연구에서 지적한 대로 소비행동이 습관에 의한 것임을 밝히고 있다. 그렇다면 광고전략과 구체적인 광고방식이 달라져야 한다. 예컨대, 인스턴트커피를 선전하기 위해서는 간편성과 시간 절약성을 강조해서는 오히려 부정적인 효과를 갖는다. 이런 광고보다는 알뜰주부라도 인스턴트커피를 즐긴다는 것을 강조하는 색다른 광고전략이 세워져야 한다.

이제 다음 절에서 다른 최신 소비행동 연구를 소개하고자 한다.

이 연구는 기존의 소비 습관을 폐기하지 않고 기존 습관에 편승하는 판매 전략을 마련해 성공한 사례다. 이 방법을 자세히 살펴볼 필요가 있다.

ⓘ 습관행동에 편승하기

미국에 Procter & Gamble(P & G)이란 회사가 있다. 이 회사는 유연제, 방향제 등을 제조한다. 이 회사가 1990년대 중반에 페브리즈(Febreze)라는 방향제 스프레이(spray)를 고안해 생산하기로 결정했다. 이 스프레이는 무색의 방향제로서 냄새가 밴 옷, 악취가 밴 소파, 오래된 재킷, 얼룩진 차 내부에 냄새를 제거하기 위한 것이다. 그래서 이 광고는 냄새제거에 초점을 맞추었다. 광고는 한 여자가 담배 냄새가 몸에 배었다고 식당에 항의하는 장면이 나오고 이를 본 그녀의 친구가 페브리즈를 권하는 장면이 나온다. 그런데 광고를 내보낸 후에도 판매가 늘지 않았다. 회사에서 실망하고 이를 타개하기 위한 연구조직을 만들어 소비자를 대상으로 심층 면접을 했다. 여러 가구를 방문해 청소를 하는 주부와 면접했다. 그런데 한 가지 재미있는 사실이 밝혀졌다. 냄새가 많이 나는 집의 주부가 그 냄새에 인이 박혀 더 이상 그 냄새를 맡지 못한다는 것이다. 예컨대, 아홉 마리의 고양이를 키우는 집을 방문해 주부를 면담했다. 그 집은 고양이 배설물 냄새에 절어 있었다. 그래서 연구자가 그 집 주부에게 그 악취를 어떻게 견디냐고 물었다. 그랬더니 의외로 그 주부는 자기는 악취가 안 난다고 대답했다. 이는 다른 몇 집에서도 동일했다. 예컨대, 파이프 담배를 많이 피워 거실에 담배 냄새가 배인 집의 부부는 담배 냄새를 느끼지 못한다고 응답했다. 이 조사 결과는 아주 중요한 사실을 지적하는데 냄새를 제거해야 할 사람이 그 필요성을 전혀 느끼지 않는다는 것이다. 그래서 페브리즈 광고에서 상품과 관련한 자극 단서로 냄새를 택한 것은 효과를 보지 못했다. 왜? 소비 대상자가 냄새 제거 욕구를 갖고 있지 않았기 때문이다. 그래서 소비자로부터 페브리즈를 구매하는 행동을 이끌어 내지 못했다.

1차 연구팀이 실패하자 이번에는 하버드 대학의 소비행동심리학자를 초청해 연구팀을 새로 조직했다. 이 연구팀은 주변의 도시로 흩어져 여러 가구를 방문하고 주부들이 집 청소하는 것을 비디오 테이프로 촬영했다. 그리고 주부들을 심층 면접했다. 한 40대 주부의 집을 방문해 그 집을 촬영하고 면접했다. 그 주부는 식구가 네 명이었고 동물 그리고 끽연자도 없어 냄새도 나지 않을 뿐더러 주부가 집을 깨끗이 유지했다. 그럼에도 불구하고 그 주부는 페브리즈를 애용했다. 연구팀은 그 주부에게 집이 깨끗하고 냄새도 없는데 왜 페브리즈를 애용하느냐고 물었다. 그랬더니 그 주부는 "나는 페브리즈를 냄새제거용으로 사용하지 않습니다. 내가 거실 청소, 침실 청소를 다 끝내고 방에 지쳐 있을 때 페브리즈를 몇 번 방에 뿌리는 것은 작은 축하연(celebration)을 하는 것입니다. 청소를 다 하고 기분이 좋으라고 축하 불꽃놀이를 하는 것이지요."
주부가 하는 말이 신기해 연구자는 그녀가 청소하는 곳을 따라다
녀 보았다. 그녀는 거실 청소를 먼저 하는데 아이들 신발을 정리
해 신발장에 넣고 진공청소기로 카펫을 청소한다. 그리고 침실에
들어가 잠자리를 정리하는데 침대 모서리를 꽉 조여 침대보를 편
다. 그리고 베갯잇을 갈아 끼운다. 그리고 그 베갯잇을 손으로 쓰
다듬으며 만족한 웃음을 짓는다. 그리고 방에 페브리즈를 분무한
다. 그녀는 2주에 대형 페브리즈 한 병을 소비한다.

하버드 연구팀이 비디오 테이프를 연구하면서 밝힌 중요한 사
실은 주부의 집안 청소는 습관화되어 있다는 것이다. 어떤 욕구,
예컨대 집안의 냄새를 제거하기 위해서 집안 청소를 하는 것이 아
니다. 남편과 아이들이 아침에 출근하고 학교에 가면 주부는 자기
도 모르게 집안 청소를 시작하는데 이것은 습관적 행동이다. 방
안이 지저분하니까(자극 단서) 주부가 청소를 시작하고 청소가 다
끝나 집안이 깨끗하니까(보상) 주부는 만족한 웃음을 짓는다. 그런
데 페브리즈를 사용해 이 청소 습관을 고치려 한 것이 이전 페브
리즈 광고팀이 노린 것이다. 그러나 앞에서 누누이 이야기한 것처
럼 이미 습관화한 행동을 우리가 고치려고 하는 것은 힘든 작업이
고 불가능하기 일쑤다. 그래서 하버드팀은 그 판매 전략을 바꾸었
다. 주부가 청소를 습관적으로 하고 그 결과 집이 깨끗해져 만족
한(즉, 보상) 후 그다음 페브리즈를 쓰도록 습관화하자는 것이다.
즉, 연구팀은 새로운 청소 습관을 주부에게 강요하는 것이 아니라

과거에 하던 청소 습관을 그대로 유지하고 마지막으로 페브리즈를 뿌리는 습관을 도입하기로 한 것이다. 앞의 주부가 말한 바와 같이 청소를 다한 후 자축의 불꽃놀이를 하는 데 필요한 스프레이어로 페브리즈를 간주하게 만들었다. 그래서 페브리즈는 더 이상 냄새 제거용이 아닌 신선한 공기청정용으로 탈바꿈했다. 이를 위해 기존의 페브리즈에 독특한 향기를 더 첨가시킨 제품을 생산했다. 그 결과는? P & G 회사는 두 달만에 판매고가 두 배로 상승했고 1년이 지난 후에는 2천 3백만 달러의 판매수익을 얻었다(Douhgg, 2012).

P & G 회사의 사례는 앞의 인스턴트커피 제조 사례와 엇비슷하다. 두 회사의 연구 결과가 시사하는 바는 우리의 소비행동은 습관적인 것이고 이를 폐기하려 하는 마케팅 전략은 무모한 것이라는 점이다. 인스턴트커피 회사의 경우는 주부가 훌륭한 주부상을 가지려는 욕구가 있는데 원두커피가 이런 알뜰한 주부상에 걸맞는 제품이고 인스턴트커피는 그와 반대되는 주부상을 연상시킨다는 사실을 지적해 주었다. 그래서 무조건 주부의 습관을 편리하게 바꾸어 주려는 인스턴트커피 회사의 애초의 판매 전략은 실패한 것이다. 마찬가지로 P & G 회사는 페브리즈를 악취제거제로 선전해서는 그 효과가 없다는 것을 발견했다. 즉, 기존의 청소 습관을 바꾸어 주려는 의도가 무리라는 사실을 파악하고는 기존의 습관에 편승하는, 즉 청소 습관 마무리 단계에 한 단계를 추가하는(주부의 청소 축하 불꽃놀이) 또는 편승하는 식의 전략을 채택했다. 그래서 기업 역사에 유례없는 성공을 거두었다.

💡 새로운 습관의 대두

우리가 새로운 습관을 학습한다는 것이 무척 어렵기는 하지만
새로운 습관이 전혀 발생하지 않는 것은 아니다. 찰스 더그(Chalres
Douhgg)는 2012년 2월 19일자 『뉴욕 타임스』의 'How companies
learn your secrets?' 라는 칼럼에서 우리 가정생활에 커다란 변화
가 생기면 새로운 습관이 생기기 마련이라고 주장했다. 부부가 아
기를 출산하면 새로운 상품, 예컨대 임산부 비타민, 아기 기저귀,
젖병, 아기 목욕통, 아기 비누, 아기 분, 장난감, 아기 식탁의자 등
등 수없이 많은 물건을 사야 한다.

따라서 아기용 상품 제조업자들은 임신한 주부가 누구인가를
미리 파악해 두는 것이 절대적으로 필요하다. 주부가 아기를 낳고
아기용품을 구매할 때에는 이미 광고시기가 늦은 것이다. 최소한
주부가 임신 4주가 된 후 아기용품을 구매하기 시작하므로 미리
임신한 주부가 누구인지를 파악해 두는 것이 필요하다. 임신한 주
부에게 미리 광고전단지와 보너스 쿠폰을 우송해야 그 임산부
가 자사의 여러 제품의 고객이 된다. 그리고 일단 고객이 된 후에
는 주부가 좀처럼 소비 습관을 바꾸지 않기 때문에 평생 자사 상
품의 고객이 된다. 그래서 제조회사에서는 늘 시간과의 싸움이 벌
어진다. 임산부가 누구인지를 먼저 파악하는 것이 절실하기 때문
이다.

　그러면 어떤 주부가 임산부인가를 어떻게 미리 파악할 수 있는가? 장기적으로는 혼인신고를 한 신부들이 미래의 임산부이기 때문에 그들 명단을 입수할 필요가 있다. 혼인신고 명단을 얻는 것은 그리 어려운 일이 아니고 법에 저촉을 받지 않는다. 임신 여부를 체크하는 도구를 구입하는 여인도 임산부가 될 가능성이 최소한 반 이상은 된다. 어떤 주부는 아기 낳기를 바라서 임신 여부를 체크하지만 처녀는 반대로 낙태를 하기 위해 임신 여부를 테스트한다. 임신 여부를 체크하는 또 다른 확실한 방법은 신용카드 사용자의 구매 내용을 분석하는 것이다. 그래서 소비자가 임산부와 아기용 상품을 구매했는가를 살펴본다. 이것을 신용카드 회사가 분석하는 것은 합법적이지만 상품 제조 회사가 이 정보를 입수하는 것은 어떤 나라에서는 불법이고 어떤 나라에서는 법에 저촉되지 않는다.

　임산부 여부를 확인하는 가장 확실한 방법은 산부인과에서 정보를 얻는 것인데 이것은 어느 나라건 불법이다. 환자의 기록을 열람하는 것은 개인의 프라이버시를 침해하는 것이므로 어느 나라에서든 불법이다. 그러나 만일 임산부가 신용카드를 써서 진찰료를 납부했다면 신용카드 회사로부터 누가 산부인과를 방문했는지를 알 수 있다.

　간접적인 방법으로 임산부의 여부를 가리는 방법은 빅테이터를 분석하는 것이다. 예컨대, 빅테이터에서는 신용카드 사용자가 어떤 물건을 샀는지 그 구매물품 내역을 모두 알아낼 수 있다. 그런데 소비자가 구매한 구매상품을 서로 연관시켜 보면 소비자가 임산부인지를 추리해 낼 수 있다. 예컨대, 소비자가 임산부용 비타민을 사고 육아 관련 책이나 잡지, 아기용 장난감 책자를 구입했다면 그 소비자는 임산부일 가능성이 아주 높다. 이렇게 어떤 새로운 소비 습관을 가질 사람이 누구인가를 알아보기 위해 많은 자료가 필요한데 이 자료들은 빅데이터 안에 있다.

더불어 빅데이터는 앞에서 언급한 것처럼 새로운 소비자행동 이론을 제시해 주는 역할을 한다. 과거 소비자행동 이론은 심리학자가 구매와 관련한 심리학적 이론을 고안하고 이를 검증하는 방식으로 전개되었다. 예컨대, 과거 소비자심리학에서 소비행동은 소비욕구가 있고 소비행동은 이 욕구를 충족하기 위한 것이라고 주장했다. 이론상으로는 흠이 없는 완벽한 이론이라서 이를 거부하는 학자가 없었다. 그러나 빅데이터가 등장하고 그에 따라 실제 소비행동을 조사해 보면 소비자의 소비행동은 소비욕구를 충족하기 위한 것이 아니었다. 앞에서 K를 예로 든 것처럼 우리가 커피를 마시는 것은 반드시 커피 향 때문이 아니다. 친구와 담소하기 위한 것이다. 그래서 이제는 거꾸로 빅데이터를 분석해서 다시 말하면 소비자가 구매한 제품을 서로 연관시켜서 소비자행동 이론을 정립하는데 이것은 타당성이 더 높은 이론이 된다. 그 이유는 실제 소비행동을 토대로 이론을 정립했기 때문이다.

빅데이터는 판매 및 광고 전략가에게 아주 중요한 자료를 제공한다. 앞에서 설명한 바와 같이 자사 제품의 고객층이 누구인가,

즉 어떤 계층의 사람이 자사 제품의 주 소비자인가를 파악하는 것
은 회사에서 아주 절실하다. 더불어 빅테이터의 출현으로 독특한
소비행동을 파악할 수 있다. 미국의 빅테이터에 따르면 아기 기저
귀 소비자가 다량의 맥주를 사는 것으로 나타났다. 이 두 상품은
서로 연관이 없다. 아기 기저귀 소비자는 주로 주부이고 맥주의
소비자는 남자가 대부분이기 때문이다. 그런데 왜 이 두 상품 소
비가 서로 상관이 있는가? 실제 소비자를 대상으로 조사해 보았더
니 주말에 아기 기저귀가 떨어진 주부는 남편에게 이를 사 오라고
심부름시킨다. 그런데 남편이 마트에 가서 기저귀를 사다가 맥주
를 발견하게 되고 두 가지 상품을 함께 사 온다. 그래서 아기 기저
귀와 맥주 소비가 관련이 있게 나타난 것이다.

　정리한다면 한번 습관을 들인 구매행동은 좀처럼 변하지 않는
다. 그리고 과거 우리가 생각하듯이 소비자는 어떤 상품에 대한 구
매욕구가 촉발되고 이 욕구를 충족하기 위해 구매를 하지는 않는
다. P & G 회사가 페프리즈란 냄새제거용 스프레이를 개발하고
시판했을 때 과거의 소비행동 이론에 따라 광고를 제작했더니 상
품이 팔리지 않았다. 그 이유는 주부가 냄새제거를 위해 페브리즈
를 사용하는 것이 아니었기 때문이다. 청소란 주부가 아침에 일상
적으로 그리고 습관적으로 하는 것이다. 그래서 광고전략을 바꾸
어 기존 청소 습관에 새로운 습관을 편승(페브리즈를 사용하여 불꽃
놀이 비슷한 세레머니)하게 한 결과, 상품이 날개 돋친 듯 팔렸다.
이 사례는 청소는 습관적으로 하는 것이고 이 습관은 좀처럼 폐기

할 수 없다는 것을 시사한다.

빅테이터 연구는 소비자심리학에서 아주 중요한 역할을 한다. 새로운 소비행동 이론이 이젠 거꾸로 소비행동을 분석한 결과를 토대로 정립된다. 과거의 소비행동 이론을 정립하는 것과는 정반대의 과정이다. 더불어 빅테이터는 기업이 필요로 하는 많은 자료를 제공해 준다. 이들 자료를 심리학적으로 정리하고 설명하는 것이 앞으로 빅테이터 분야의 연구자가 다루어야 할 중요한 연구과제다.

06

폭력과 습관

06

폭력과 습관

폭력적인 사람이 따로 있을까? 폭력은 선천적으로 타고나는 것인가 아니면 후천적으로 습득되는 것인가? 행동주의 신봉자에 따르면 폭력은 후천적이다. 즉, 우리는 폭력성을 타고나는 것이 아니라 자라면서 폭력을 모방하고 학습(또는 습관화)한다. 이런 행동주의의 주장은 맞는 것 같다. 미국 뉴욕의 인구는 일본 도쿄의 인구보다는 적다. 그러나 폭력 및 살인 사건의 연간 발생률은 뉴욕이 더 높다. 예컨대, 1970년 도쿄의 인구는 1,100만이었는데 단지 213건의 살인사건이 발생했다. 그러나 같은 기간 뉴욕의 인구는 800만이었지만 그해 살인사건은 1,117건으로 도쿄에 비해 약 여섯 배나 더 많았다(이훈구, 1997).

이 두 도시에서 살인사건 발생 건수가 크게 차이가 나는 이유는 무엇인가? 유전학자들은 아마 미국인이 일본인보다 더 폭력적 성향을 타고난다고 주장할지 모른다. 그러나 이런 주장은 신빙성이 없다. 그 원인 설명 중 가장 납득할 만한 것은 뉴욕 시민들에게는 총기 소지가 합법적인 반면, 도쿄 시민에게는 이것이 불법이기 때문이다. 즉, 총을 지니고 있으면 총을 쏠 기회가 많아진다. 그리고 이것이 습관화되어 개인 간에 갈등이 생기면 총을 쏘아 이를 해결하려 한다. 극단의 행동주의자 또는 학습심리학자들은 살인행위는 습관과 같아서 사람이 총을 쏘는 것이 아니라 손가락이 총의 방아쇠를 당기는 것이라고 주장한다. 이것은 폭력 및 살인행위가 거의 무의식적이고 습관적으로 행해진다는 무서운 이야기다.

폭력 및 살인행위를 선천적 또는 유전적으로 설명하는 심리학자들도 있다. 예컨대, 생리심리학자들은 연쇄살인범, 무자비하게 사람을 살인하는 사람들은 정서흥분 역치(threshold)가 낮다는 사실을 발견했다. 즉, 이들은 폭력장면을 시청하거나, 그가 가해자로서 피해자의 고통을 볼 때 정서흥분이 적게 발생했다. 이들은 참혹한 살인사건을 목격해도 냉혈한처럼 담담했다. 그리고 중형(重刑)의 폭력범은 정상적인 남성보다 여분의 Y 염색체를 하나 더 가진다. 즉, 정상인 남성의 염색체는 XY인 데 비해 그들은 XYY 유전자를 갖고 있는 것으로 밝혀졌다.

그러나 폭력 및 살인이 후천적이라고 주장하는 사람들을 지지하는 증거는 굉장히 많다. 연구자가 아동에게 폭력영화를 보여 주었을 때 폭력영화를 시청한 아동이 이를 시청하지 않고 그 대신 자연관광 영화를 시청한 아동에 비해 더 폭력행위를 많이 했다. 이 장에서는 폭력이 모방되고 습관화되고 사회학습화된다는 사실을 논의해 보기로 한다.

ⓘ 아동의 폭력학습

이제 심리학에서는 고전적 실험이 된 모방학습 실험이 하나 있다. 반두라, 로스와 로스(Bandura, Ross, & Ross, 1963)는 유치원생에게 어떤 사람이 고무로 만든 보보인형을 난폭하게 망치로 치고 발로 차고 그 위에 올라타는 등의 난폭한 행동을 하는 것을 관찰하게 했다. 그런 후 그 유치원생을 다른 방으로 데리고 갔는데 거기에는 보보인형을 비롯한 몇 가지 장난감이 있었다. 연구자들이 유치원생을 관찰했더니 유치원생은 보보인형을 난폭하게 다루었다. 앞에서 모델이 한 행동을 그대로 모방학습한 것이다.

반두라와 그의 동료들은 모델의 종류를 다양하게 바꾸어서 실험을 했는데 아동들은 자기와 같은 성(性)의 모델을 더 모방했고 모델의 지위가 낮을 때보다 높을 때 더 많이 모방했다. 반면, 보보인형을 공격하지 않고 장난감을 잘 갖고 노는 모델을 시청한 유치원생들은 보보인형을 안겨 주었을 때 공격행동을 보이지 않고 인형을 갖고 재미있게 놀았다. 반두라의 이 실험결과는 공격성이 모방학습된다는 것을 의미한다.

비단 모델의 행동만 모방학습하는 것은 아니다. TV 프로그램이나 영화를 통해서 아동, 청소년, 성인이 모두 모방학습한다는 사실이 밝혀졌다. 조셉슨(Josephson, 1987)은 초등학교 2, 3학년 학생들에게 자전거 경주를 하는 재미있는 영화를 보여 주거나 인기가 있지만 폭력이 난무하는 TV 프로그램에서 발췌한 장면들을 모아 놓은 영화를 보여 주었다. 학생들은 이 두 영화 중 어느 하나를 본후 플로어 하키(floor hockey) 경기를 하게 하고 학생들의 행동을 관찰했다. 그 결과 교사가 평소 교실에서 아주 공격적이라고 평가한 학생이 폭력영화를 시청한 경우 그 폭력학생이 플로어 하키 경기를 할 때 공격행동을 더 많이 했다. 평소 공격적이지 않다고 평가받은 학생집단은 폭력적인 영화를 보았어도 공격적인 행동을 하지 않았다. 이 연구는 매체폭력은 폭력 성향이 약한 사람보다는 폭력 성향이 높은 사람에게 더 공격을 강화시킨다는 것을 시사한다. 물론 전체적으로 자전거 경주 영화를 관람한 학생들은 폭력적인 영화를 시청한 학생보다 플로어 하키 경기에서 공격을 덜 했다.

또 다른 연구들은 모델이 수행하는 행동에 초점을 맞추었다. 그 결과, 피험자들은 모델이 폭력적으로 한 행동에 대해서 처벌을 받을 때보다 보상을 받을 때 더 많이 모방했다. 더불어 모델의 공격성이 정당화되지 못했을 때보다 정당화되었을 때 더 많이 모방했다(이훈구, 1997).

아동은 자기들이 좋아하는 모델, 예컨대 최민수가 '모래시계'

에서 폭력을 행사하는 것을 보고 그것을 따라 하기 마련이다. 왜? 그들은 우상인 최민수가 하는 폭력행위를 좋은 행동이라고 착각 하기 때문이다.

폭력이 습관화된다는 사실을 증명하는 또 다른 연구가 있다. 그 것은 어렸을 때 시청했던 폭력의 양이 수십 년 후에도 그대로 이 어진다는 연구에서 나타났다. 에론(Eron, 1982)은 피험자가 시청한 폭력의 양을 피험자들이 보았다고 회상한 영화와 영화에서 산출 한 폭력점수로 계산하였다. 그리고 피험자의 현재 폭력수준은 그 의 학급친구와 교사로부터 얻은 자료를 통해 산출했다. 폭력영화 시청점수와 실제 학생의 폭력 간의 상관관계를 조사해 본 결과, 두 점수 간 상관이 있었다. 즉, 어릴 때 폭력영화를 많이 시청한 아 동일수록 그가 어른이 되었을 때 공격수준이 더 높았다. 게다가 이 상관관계는 나이가 들수록 증가했는데 이 결과는 폭력영화 시 청의 영향력이 시간이 지날수록 축적된다는 사실을 암시한다. 사 람들이 어려서 폭력영화를 많이 볼수록 그들은 커서 여러 가지 광 범위한 상황에서 더 많이 공격적으로 행동한다. 이것은 공격이 습 관화되었다는 것을 시사한다.

요즘 우리나라 청소년들은 비디오 게임을 자주 한다. 그런데 이 비디오 게임도 아동과 청소년의 폭력수준을 높혀 주는 결과를 초래 한다. 슈트와 그의 동료들(Schutte, Malouff, Post-Gorden, & Rodasts, 1988)은 5세부터 7세까지의 남녀 어린이들에게 두 개의 흥미있는 비디오 게임 중 하나를 선택하게 했다. 첫 번째, '카라테가' 라는 폭력적인 게임은 피험자가 조종하는 주인공이 폭력을 행사하여 여러 악당들을 무찌른다. 두 번째, '밀림 사냥'이라는 비폭력적인 게임은 주인공이 단순히 밀림을 통과하기 위해 넝쿨에서 넝쿨로 날아다니는 것이다. 두 게임 중 하나를 하게 한 후 실험자는 같은 게임을 한 어린아이들을 두 명씩 짝을 지어 놀이방에서 놀게 하고 그들을 관찰했다. 폭력적인 게임을 했던 어린아이들이 비폭력적인 게임을 했던 어린아이들에 비해 그들의 친구와 풍선인형을 더 많이 때렸다. 성인들도 '말 경기(폭력적인 싸움경기)'에 참여하는 성향이 높을수록 실제 상황에서 공격행동을 하는 경향이 높음을 발견했다(Gergen, 1991).

이렇게 폭력적인 미디어는 그것이 영화든 게임이든, 그것을 시청하거나 직접 게임을 하는 아동 또는 심지어 성인까지 폭력행동을 유발한다. 그러면 구체적으로 폭력적인 미디어는 어떤 방식으로 이들에게 영향력을 행사할까? 다음에 한 예를 들어 그 과정을 설명하기로 하자.

♀ 이은석의 부모 토막 살해 사건

2000년 5월 21일. 새천년이 막 시작되고 5개월이 지난 서울의 부천에서 끔찍한 살인 사건이 발생했다. 이은석이란 서울 명문대 학생이 부모를 망치로 끔찍하게 살해한 후 그것도 모자라 부모의 시신을 조각조각 내서 과천 공원 쓰레기 하치장에 버렸다. 이후 시신꾸러미를 이상하게 본 미화원에 의해 시신이 발견되었다. 시체는 토막이 나 있어 피살자의 신원을 확인하기 어려웠지만 다행히 손가락이 남아 있어 지문감식을 통해 신원을 밝혀냈다. 피살자의 집을 방문한 경찰은 이내 피살자의 아들 이은석으로부터 범인이라는 자백을 받아 냈다.

이 사건이 몇 년간 한국사회를 들끓게 한 이유는 흔히 존속살인범은 알코올중독자, 마약중독자 아니면 도박에 전 재산을 날리고 재산을 빼앗기 위해 부모를 죽이는 막가파들이라고 알려져 왔기 때문이다. 그러나 체포된 이은석은 명문대 전산학과 재학 중이었고 파리 한 마리 죽이지 못할 것 같은 해맑은 얼굴을 가지고 있었다. 과천 중·고등학교에서 전교 7~8등을 놓쳐 본 적이 없는 장래가 촉망되는 모범생이었다.

그런 이은석이 어떻게 부모를 한 명도 아닌 양 부모를 무참히 살해했을까? 저자는 그의 동의를 얻고 그가 초등학교 5학년 때부터 쓰기 시작한 방대한 양의 일기를 분석하여 성장환경, 학교생활, 범행동기, 범행과정 등을 분석하였다. 이 자료를 분석해 저자는 『미안하다고 말하기가 그렇게 어려웠나요』라는 책을 저술하였다(이훈구, 2001). 이은석이 부모를 살해하게 된 이면에는 어머니의 아동학대에 가까운 스파르타식 학업강요, 학교와 군대에서 왕따당한 경험, 비디오 테이프 중독, 폭력게임 몰두 등이 있었다.

그런데 저자는 이은석과 면담하는 과정에서 아주 놀라운 사실

을 하나 발견했다. 그가 말하기를 자기는 평소 소심해서 피를 보
는 것을 아주 두려워한다고 말했다. 그런데 어쩌다 보니 자신이
부모를 망치로 살해하고 이를 은폐하고자 두 시신을 화장실에서
토막 내고 있었다고 한다. 시신을 분리하면서 그는 자기가 지금
굉장히 겁에 질린 표정일 것이라고 짐작하고 문득 화장실 거울로
자기 얼굴을 살펴보았다고 했다. 그랬더니 놀랍게도 그는 공포에
질린 얼굴이 아닌 아주 냉정하고 침착한 얼굴이었다고 했다. 그래
서 자기 자신도 깜짝 놀랐다고 했다.

저자는 그의 이야기를 듣고 그가 시청한 수많은 폭력비디오가
그를 괴물로 만들었음을 깨달았다. 그는 고등학교 졸업 후 2년 동
안 무려 456개의 영화와 비디오 테이프를 시청했다. 그중에는 피
튀기는 장면이 자주 나오는 〈파이트 클럽〉〈8mm〉란 작품이 있
다. 이 중 〈8mm〉는 변태성욕자들이 상대방을 칼로 무참하게 죽
이되 그것도 모자라 그 장면을 스스로 촬영한다는 내용이다. 잔인
한 살인 장면이 반복되는 영화다.

왜 파리 한 마리 죽이지 못하는 성격인 이은석이 부모의 시신을
무참하게 토막 내면서도 조금도 공포에 떨거나 주눅 들지 않았을
까? 그가 폭력비디오를 감상하면서 잔인한 살인 방법에 길들여져
살인과 시신해체 작업에 무감각해졌기 때문이다. 아마 보통사람
같았으면 무의식적으로 부모를 살해했다손 치더라도 망연자실하
고 부모의 시신 앞에 정신을 잃어버렸을 것이다. 그렇지만 〈8mm〉
에서 본 처참한 살해 장면, 즉 칼로 잔인하게 사람을 죽이는 끔찍

한 장면은 이은석으로 하여금 눈 하나 깜짝하지 않고 무덤덤하게 부모 시신을 토막 내게 만들었다.

폭력영화는 우리로 하여금 폭력에 대한 무감각을 학습하게 만든다. 또 폭력영화는 우리 뇌에 깊이 각인되어 하나의 스크립트로 저장된다. 그래서 우리가 타인으로부터 공격을 받으면 이 스크립트가 자동적으로 활성화(activaetion)해 영화에서 본 것과 같은 폭력행위를 재현하게 만든다. 즉, 폭력영화의 잦은 시청은 우리로 하여금 폭력행위의 습관을 초래한다.

♀ 이은석의 음주와 살인

음주와 폭력과는 상관이 있을까? 폭력 범죄로 체포된 사람들의 거의 75%가 경찰에 체포될 때 혈중 알코올 농도가 법적 처벌 수준 이상이었다. 많은 실험결과도 술과 공격행위 간에 관계가 있음을 밝혔다. 즉, 실험실에서 상당한 양의 알코올을 섭취한 피험자는 소량의 알코올이나 탄산음료수를 마신 피험자에 비해 실험자로부터 모욕을 당하거나 도발을 당했을 때 더 강력하게 대응했다 (Taylor & Leonard, 1983).

이은석의 경우에도 술이 간접적이나마 영향을 주었다. 그가 살인을 저지르게 된 계기는 어머니와의 첫 번째이자 마지막 언쟁 때문이었다. 평소 그는 어머니의 말에 고분고분하였다. 그래서 어머니는 이은석을 마치 딸인 양 취급해 찬거리 심부름이나 설거지를 시켰다. 그런 이은석이 형의 이사 건으로 화가 났다. 그의 형은 성격이 괄괄해 어머니의 심적 학대에 반발하여 가출하고 친구 집을 전전했다. 큰 아들이 동가식서가숙하는 것을 참다못해 부모가 저축한 돈과 은행에서 대출받은 돈(은석의 이름으로)으로 형에게 집을 사 주었다. 형이 이사 가는 날 형을 도와주던 이은석은 속으로 화가 나 있었다. 평소 부모는 형보다 자기를 더 아껴 재산은 모두 네 것이라고 말했다. 부모가 형이 낭비벽이 있다고 생각했기 때문이다. 그런데 그런 형에게는 집을 사 주어 집에서 해방시켜 자유를 준 반면, 자기는 계속 어머니에게 괴로움을 당해야 했기 때문이다. 이사하던 날 이은석의 형은 저녁을 사 줄 터이니 먹고 가라고 했지만 이은석은 이를 뿌리치고 일찍 귀가했다. 그랬더니 어머니가 형의 이사가 잘 끝났는지 물었다. 뾰로통해진 이은석은 응답하지 않았고 어머니는 계속 채근했다. 그러자 이은석의 말대꾸가 시작되었다. 평소 어머니가 자기에게 고깝게 한 것을 모두 열거하고 억울하다고 하소연했다. 생전 처음 아들에게 항의를 받은 어머니는 당황하여 대판 언쟁을 벌였다. 그리고 평소 부부 사이가 좋지 않아 대화도 없었던 남편에게 이은석의 반항을 고자질했다. 아버지는 이은석을 불러 앉혀 놓고 야단을 쳤다. "다 지난 옛날일 가지고 왈가왈부하지 말아라. 집에만 붙박혀 있지 말고 나가서 친구도 사귀어라."라고 야단쳤다. 부모에게 꾸중을 받은 이은석은 자기 방에 칩거해 부모를 피했다. 부모가 거실에 있으면 자기는 방으로 퇴거했고 부모가 자는 한밤중에 일어나 냉장고를 뒤져 식사를 해결하곤 했다. 깡통을 방에 들여놓아 오줌도 방 안에서 해결했다.

이런 상황이 일주일가량 지속되어 심신이 지쳐 버린 이은석은 한밤중에 화장실을 다녀오다 거실 찬장에 아버지가 마시다 남긴 산토리 양주병을 발견한다. 그래서 그것을 들고 방으로 가 몇 모금 마셨다. 평소 은석이는 음주를 잘 하지 않았고 술을 조금 먹어도 금방 취했다. 그가 경찰에서는 살인하기 전 취중 상태는 아니었다고 진술했지만 저자의 생각은 다르다. 취중 상태는 아닐지라도 그가 마신 음주량은 본능을 제어하는 이성의 능력을 약화시켰을 것이다. 더구나 흥미로운 것은 그가 자기 방에서 큰 망치를 발견했다는 사실이다. 이 망치는 그가 초등학생일 때 어머니에게 심리적 학대를 받고 누가 자기를 죽일지도 모른다는 피해망상증이 생겨 호신용으로 자기 방에 갖다 놓았던 것이다. 망치를 물끄러미 쳐다보다 이내 그 망치를 움켜쥐고 어머니 방에 가서 머리를 향해 망치를 휘둘렀다. 그다음 아버지 방으로 가 그마저 살해했다.

저자는 이은석의 살인과정을 보고 이 살인과정이 마치 스크립트기억의 회상처럼 발생했다는 느낌을 받았다. 망치는 자극 단서다. 그는 어려서 피해망상이 있었다. 그래서 망치를 방에 들여놓았고 그것으로 자기를 위협하는 사람을 과격하겠는 생각을 했다. 아마 그런 복수 꿈도 자주 꾸었을 것이다. 이렇게 망치가 자극 단서가 되어 그가 망치를 보자마자 과거 생각해 두었던(또는 꿈속에서 실행했던) 행동이 기억되고 그것을 실행에 옮겼다. 이 스크립트 기억을 실행하게 된 데에는 알코올의 영향도 가세했을 것이다. 공격성을 억제시키는 이성이 어느 정도 고삐가 풀린 것이다.

술이 폭력에 주는 효과를 연구한 심리학자들의 결론은 술이 이성을 약간 마비시키지만 순전히 이 영향 때문만은 아니라고 설명한다. 그보다는 술에 취하면 남의 부추김이나 주변의 폭력 분위기에 쉽사리 넘어가는 경향이 있다고 말한다(이훈구, 1997). 이 이야기는 술이 직접적이 아니더라도 간접적으로 영향을 준다는 사실을 말한다. 따라서 폭력경향성이 있는 사람은 술을 자제해야 하고 술을 마시더라도 집에서 마시는 것이 좋다.

한국은 술 소비량이 세계에서 제일 높다. 그리고 우리나라는 음주를 부추키는 나라다. 회식 자리에서는 늘 음주가 뒤따르고 모두 잔을 비워야 하는 '건배'가 있기 마련이다. 술이 센 사람을 영웅시하는 풍조가 있고 반대로 술을 마시지 못하는 사람은 비사교적이고 남자답지 못한 사람으로 간주한다.

더구나 염려가 되는 것은 음주 연령이 점차 낮아지고 과거와 달리 여성 음주자도 증가일로에 있는 사실이다. 음주와 분노가 합쳐지면 폭력이 발생한다. 음주와 폭력 모두를 위험시하는 사회풍토가 마련되어야 한다.

⚲ 폭력의 제거 방법

프로이트는 공격성을 본능이라고 말했다. 이 본능의 근원은 동물들, 그중에서도 수컷이 암컷을 차지하기 위해 벌이는 투쟁이라고 언급했다. 먹이경쟁에서도 폭력이 사용되기 일쑤다. 이런 공격성의 원천은 오늘날 그 모습이 바뀌어져 우리가 좌절하고 배신당하고 모욕당하면 공격 본능이 발동한다.

프로이트는 공격성은 그 공격충동을 다른 곳에서 발산하거나 대리(代理) 공격을 통해서 순화될 수 있다고 주장했다. 예컨대, 일본에는 한때 돈을 받고 남으로부터 매를 맞는 직업이 있었다. 돈을 내고 매 맞는 직업의 사람을 때리는 사람은 상사에게 받은 울분을 엉뚱한 그에게 폭발하는 것이다. 그러면 그 사람의 상사에 대한 공격충동이 저하된다는 것이다. 그래서 프로이트는 권투, 축구, 격투기, 가라테와 같은 과격한 운동은 우리의 공격충동을 완화하는 데 도움이 된다고 주장했다. 프로이트식 심리학이 맹위를 떨칠 때는 그의 주장이 모두 합당한 것으로 여겨졌다. 그러나 그 후 심리학자들이 그의 주장을 여러 상황에서 검토한 결과, 프로이트가 틀렸다는 사실이 밝혀졌다. 그 한 가지는 원한에 의한 살인사건을 예로 들 수 있다. 남에게 배신을 당하거나 모욕을 당하면 폭력성이 높은 사람은 상대방을 칼로 죽이는 경우가 더러 있다. 그런데 이때 살인자는 피살자를 한 번만 찔러 죽이지는 않는다.

자기를 괴롭혔던 사람이 죽었으면 그것으로 공격충동이 충족되었을 것이다. 그런데 보복살인자들은 흔히 죽은 사람을 여러 번 찌른다. 이것은 무엇을 의미하는가? 오히려 공격성은 한번 실행하면 이를 재현하고 여러 번 반복하게 된다는 것을 의미한다. 따라서 공격성은 일단 행동으로 나타나면 습관화되기 쉽다.

부인을 때리는 남편의 손찌검은 고치기가 힘들다. 왜냐하면 그것이 습관화되기 때문이다. 그래서 저자는 대학에서 강의할 때 여학생들에게 남편의 첫 손찌검에 절대로 주눅 들지 말고 강하게 맞대응하라고 충고했다. 애초의 남편 손버릇의 싹을 잘라 내어야 한다. 이에 소극적으로 대해 울기만 하고 가출하는 것은 좋은 방법이 아니다. 소동을 벌리고 이웃에 알리는 적극적인 방법을 취해야 한다.

폭력을 줄이는 방법은 어려서부터 폭력의 사용을 자제토록 하는 것이다. 에스키모인에게서는 폭력이 발생하지 않는다. 그 이유는 어려서부터 폭력행위를 엄하게 다루기 때문이다. 우리나라의 경우는 폭력이 어린 학생에게까지 퍼져 점차 폭력연령이 낮아지고 있다. 그 큰 원인은 학교에서 일어나고 있는 왕따 때문이다. 왕따 연구의 세계적인 권위자인 올베우스(Olweus, 1997)의 연구에 따르면 어렸을 때 왕따 가해자는 장성해 폭력전과자가 되는 비율이 일반 학생에 비해 세 배나 더 높았다.

우리나라에서 범람하고 있는 폭력만화, 폭력게임도 청소년의 시청을 엄격히 금해야 한다. 외국에서는 청소년이 볼 수 있는 영화와 볼 수 없는 영화를 엄격히 구분하고 있고 이를 잘 시행하고 있다. 하지만 우리나라는 영화의 시청연령 등급만 매겨 놓았을 뿐 이것이 철저히 지켜지지 않고 있다.

조직폭력배도 엄격히 다스려야 한다. 우리나라에서는 조직폭력배가 청소년에게까지 침투하여 중·고등학생들이 일진회에 가입하고 조직폭력배와 연통한다. 일단 철모르는 학생들이 조직폭력배에 가담하게 되면 그들로부터 벗어나는 길은 쉽지 않다. 최근 조직폭력배는 폭력 이외에 여러 가지 불법적 사업, 예컨대 부동산 사업, 도박 및 사행사업, 상장기업 인수까지 가담하고 있다. 폭력이 난무하는 사회를 막는 방법은 단 한 가지다. 가정, 학교, 그리고 사법기관이 폭력을 예방하고 폭력자를 엄벌하는 데 공동의 노력을 기울여야 한다.

07

성 습관

07

성 습관

성이 강력한 본능이란 것은 누구나 부정하지 않는다. 그러나 최근에 와서 강력한 본능이란 생각에 수정이 가해졌다. 그 이유는 성 충동이 성 호르몬의 영향이 아닌 포르노 영화(음란성 영화)에 의해서도 촉발된다는 사실을 알았기 때문이다. 즉, 인간의 성행동은 성 호르몬 분비에 의한 성 충동 이외에 각종 시청 자극, 예컨대 음란서적, 포르노 영화에 의해서도 도발된다.

인간의 성생활은 동물에 비해 상당히 자주 그리고 오래 지속된다. 그리고 성도 습관화하는데, 예컨대 자위를 습관적으로 하는 사람이 있는가 하면 매일 성교를 하는 성중독자가 있다. 이렇게 성도 습관행동 중의 하나다. 이제 인간의 다양한 성생활의 특징을 살펴보기로 하자.

⑨ 인간 성행위의 특징

동물에게는 교미기가 따로 있다. 동물에 따라 다르지만 대충 일
년에 한 번이나 2년에 한 번 암놈에게 배란기가 오는데 그에 따라
수컷이 발정해 교미를 한다. 수컷의 발정기는 암컷의 배란기와 맞
물린다. 암컷이 배란기가 되어 호르몬이 분비되어야 수컷도 발정
기에 들어간다.

그러나 인간에게는 성교기가 따로 없다. 남성이든 여성이든 어
느 때나 성교를 하는데 여성의 배란기와 상관이 없다. 임신 가능
기간에만 여성이 성 충동을 느끼는 것이 아니라 언제나 성욕이 발
동한다. 이것은 남성도 마찬가지다. 이렇게 성의 추구 측면에서
생각해 보면 인간은 신으로부터 축복을 받은 동물이다.

프로이트는 인간의 성을 본능으로 간주함과 동시에 성이 인간
정신생활의 원천이 된다고 생각했다. 그가 생각하는 성은 에로스
(Eros)로서 이것은 성과 사랑을 뜻할 뿐만 아니라 인간 삶의 원천
이 된다. 에로스란 비단 성생활을 가능케 할 뿐만 아니라 우리의
삶의 목적, 삶의 방향을 결정하고 예술, 문학이 발달하는 원동력
이 된다. 에로스와 반대되는 것이 타나토스(Thanatos)인데 이것은
죽음의 본능이다. 프로이트는 우리 누구에게나 타나토스가 있는

데 이것이 발동하면 자살을 감행한다고 보았다.

에로스의 승화(昇華)가 예술이다. 앞서 말한 바 있지만『신곡』을 쓴 유명한 단테는 길거리에서 베아트리체를 만났다. 첫눈에 반했지만 단테는 그녀와 연인관계를 맺을 수가 없었다. 그 이유는 베아드리체의 신분이 너무 높은 반면, 단테는 별 볼일 없는 가문의 출신이었기 때문이다. 단테는 베아트리체에게 향한 불타오르는 연정을 작품으로 승화시켰다. 그것이 바로 단테의『신곡』으로 세계적인 명작이 되었다.

현대인은 선조(先祖)보다 더 자주 성적 충동을 느낀다. 영양 상태가 좋아졌을 뿐만 아니라 도처에서 성적 자극을 받기 때문이다. 지하철, 버스를 타면 소위 배꼽 티, 그리고 팬티 같은 짧은 바지를 입은 여자들이 즐비하다. 그리고 인터넷에서 포르노가 난무한다.

우리가 한번 포르노물을 시청하면 그것은 폭력중독이나 알코올중독의 경우와 마찬가지로 중독현상을 초래한다. 나중에 자세히 설명하겠지만 연쇄살인범인 유영철은 포르노중독자였고 수많은 강간범들 역시 마찬가지였다. 즉, 이들의 범죄는 성욕에 의해 촉발되기도 하지만 다른 각도에서 살펴보면 이는 포르노중독에 따른 습관적 행위다.

성은 다른 목적으로도 이용된다. 연쇄살인범은 폭력적인 성향과 성 충동이 맞물린 사람들이다. 그래서 연쇄살인범은 피해자를 강간함과 동시에 폭력을 사용하여 살인도 한다. 강간범도 강간의 목적이 성욕의 충족에 있기만 한 것이 아니다. 여성에게 군림하려는, 즉 지배력을 행사하려는 목적을 갖고 있다. 이제 실례를 들어가면서 인간의 다양한 성 습관에 관해서 고찰하기로 하자.

⚲ 자위행위와 습관

이 책의 6장에서 지적한 바와 같이 이은석은 과천고등학교에서 학교성적 전교 7~8등을 놓쳐 본 적이 없다. 그리고 그는 명문대학교 전산학과에 당당히 입학하였다. 그러나 이은석은 자신감이 없고 나약한 성격이었다. 왜 그렇게 되었을까? 이은석은 자위행위에 오랫동안 심취했기 때문이다.

저자가 이은석의 심한 자위습관을 파악한 것은 실로 우연한 계기가 있었기 때문이다. 앞에서 말한 바와 같이 그는 초등학교 때부터 일기를 쓰기 시작했고 저자는 그의 가정생활, 학교생활을 분석하기 위해 일기를 살펴보았다. 그런데 초등학교 5학년 2학기 때 쓴 일기 뒷장에 달력을 손수 그려 놓고 날짜에 X자로 표시한 것이 눈에 띄었다. 거의 3일에 한 번 꼴로 달력 날짜에 그 표시가 있었다. X는 무엇을 의미하는가? 아무리 생각해도 암호를 읽을 수 없었다. 그래서 이은석을 면회한 날 그에게 X 표시가 무엇인가 하고 물었다. 그는 머리를 극적이며 멋쩍은 표정을 지었다. 얼마 후 그는 용기를 내어 그것이 자위를 한 날짜를 표시한 것이라고 고백했다.

이은석이 초등학교 5학년 때 자위를 시작한 것은 정상적인 일이다. 요즈음은 과거와 달리 영양 상태가 좋아 청소년의 성 호르몬 분비가 일찍 시작되어 초등학교 3~4학년(여자의 경우는 이보다 더 빠름)이면 남성 호르몬이 분비되고 그에 자극을 받아 자위행위를 시작한다. 그가 3일에 한 번 꼴로 고등학교 2학년까지 자위를 한 것은 학업강요에서 받은 스트레스 때문이다. 이렇게 자위 및 성행위는 성 충동에서뿐만 아니라 스트레스 해소를 위해서 행해지기도 한다.

우리나라 모든 청소년들은 부모로부터 공부를 강요당해 책상에 앉아 공부하기에 바쁘다. 그런데 책상에 앉아 있다 보면 언뜻 자기 신체를 만지게 되고 그러다 바지 밑으로 내려가 자기의 성기를 쓰다듬게 된다. 그러면 야릇한 흥분이 싹트고 그에 따라 자위를 시작하게 된다. 좀 더 적극적으로 자위를 시작하는 청소년들은 인터넷에 떠도는 각종 음란물을 찾아보고 이를 이용해 자위를 한다.

청소년의 자위를 나쁘다고 평가해서는 안 된다. 성욕이 왕성한 청소년에게 이를 무조건 억누르라고 말해 보았자 효과가 없기 때문이다. 청소년에게 자위가 나쁜 행위라고 가르쳐 주면 그로 인한 악영향이 보다 더 크다. 그 예가 바로 이은석이다. 이은석은 앞에서 말한 바와 같이 자존감이 극히 낮았는데 그 큰 이유 중의 하나가 자위행위 때문에 자기 신체적 발달이 정지되었다고 생각했기 때문이다.

그가 이렇게 생각한 이유는 다음과 같다. 그를 왕따시킨 철이라는 친구가 있는데 그는 중학교 1학년 때부터 같은 반을 해 온 반 친구였다. 그런데 이은석과 철이는 중학교 1학년 때 똑같이 키가 1m 65cm에 체중이 53kg이었다. 그런데 어찌된 영문인지 이은석의 키는 고등학교 3학년이 되었어도 키와 몸무게가 그대로 정체되어 있는 반면, 철이의 키는 1m 80cm에 체중이 80kg이나 나가는 거인이 되었다. 이은석은 철이를 볼 때마다 창피했고 반대로 철이는 이은석을 볼 때마다 뿌듯했다. 그래서 철이는 움추린 이은석을 어깨에 둘러매고 반 구석을 돌아다니면서 친구들에게 "원숭이 사려! 원숭이 사려!"라고 외쳤다. 이은석이 원숭이처럼 작은 사람이 되었다고 친구들에게 놀린 것이다. 이은석은 아무리 빠져나오려고 발버둥을 쳐도 그의 힘이 워낙 장사라 허우적거릴 뿐이었다.

이은석은 자위행위를 할 때마다 다시는 자위를 하지 말아야겠다고 결심했다. 그 이유는 이은석이 자신의 신체가 철이처럼 성장하지 못한 것이 자기가 3일에 한 번씩 하는 자위 때문이라고 판단했기 때문이다. 그러나 그는 어머니에게 계속 공부를 강요받았고 이로 인한 스트레스를 해소하기 위해 자위를 지속할 수밖에 없었다. 그에 따라 자신에 대한 혐오와 저주는 점점 더 깊어져 극심한 열등감과 우울증을 갖게 되었다.

잦은 자위행위가 이은석의 신체에 다소 영향을 주었을 수도 있다. 그러나 은석이가 생각한 것처럼 잦은 자위 때문에 그의 신체 성장이 멈춘 것은 아니었다. 그가 받은 스트레스, 즉 억지로 밤새

위 공부해야 하는 것, 철이로부터의 왕따 행위 때문에 그의 신체
가 자라지 못했던 것으로 보인다.

자위는 한 번 시작하면 습관화된다. 그리고 이런 습관화는 과거
보다 현재 학생들에게 더욱 강하게 나타난다. 그 이유는 앞에서
말한 바와 같이 자위습관을 지속시키는 자극 단서, 즉 각종 음란
물, 그리고 도처의 심한 노출 여성들이 즐비하기 때문이다. 포르
노를 다운 받고 자위를 시작한 학생은 계속 포르노를 시청하기 마
련이다. 왜? 포르노 영화를 보면 더 없이 흥분되고 그래서 자위를
통해 만족(보상)을 받기 때문이다.

청소년의 자위습관을 없애는 방법은 포르노물을 없애는 것이
다. 음란소설은 이제 한물간 음란물이다. 그것보다 더 생생한 포
르노 영화가 대세다. 포르노 영화의 다운은 국내에서 불법이지만
누구나 쉽게 다운 받을 수 있다. 국내 서버가 관리하는 포르노는
관계당국자가 이를 폐쇄할 수 있지만 외국에 서버를 둔 경우를 막
는 방법은 없기 때문이다.

그렇다면 청소년이 포르노를 시청하고도 자위를 덜하게 만들어
야 한다. 자위는 흔히 책상이나 잠자리에서 행한다. 그러므로 청
소년을 책상에 너무 오래 앉아 있게 하거나 너무 일찍 잠을 자게
하는 것을 자제하고 그 대신 운동이나 다른 취미를 갖게 하는 것
이 좋다. 그런데 우리 청소년들이 이런 방법을 실제로 행하는 것
은 쉽지가 않다. 왜? 심각한 대학입시지옥 때문에 늘 책상에 앉아
있어야 하고 운동을 할 시간이 전혀 없기 때문이다. 그렇다면 둘

째로 취해야 할 방법은 이은석과 같이 자위로 인해 죄책감을 갖지 않도록 하는 것이다. 그런데 이런 방법은 갈등의 소지가 있다. 청소년이 잘못 이해하면 자위를 장려하는 것처럼 들리기 때문이다. 그래서 자위가 그렇게 나쁜 것이 아니지만 또 그런 습관이 좋지도 않다는 애매한 태도를 취할 수밖에 없다.

부모가 자녀의 자위습관을 간파한 후에는 자녀의 심리적·육체적 발달을 살펴보고 자위습관에 대해 적절한 태도를 취해야 할 것 같다. 만일 자녀가 자위습관을 가졌어도 그가 정신적으로나 신체적으로 하등 장해가 없으면 이를 못 본 척 간과하는 것이 제일 좋은 방법이다. 그러나 자기 아들이 이은석과 같은 상황에 처해 있다면 부득이 부모가 개입하여 그의 잘못된 해석을 교정해 줄 수밖에 없다.

◉ 연쇄살인범의 성 습관

2004년 7월 18일은 우리나라 범죄 역사상 가장 위험한 살인범을 체포한 날로 기억되고 있다. 연쇄살인범 유영철이 드디어 체포된 것이다. 그는 스스로 26명을 살인했다고 자백했지만 경찰이 시신을 확인한 것은 21명이었다. 그의 살인기록은 세계에서도 두 번째로 많았다. 그는 자기가 체포되지만 않았어도 100명의 여자를 더 죽일 수 있었다고 포악스럽게 말했다. 그는 2003년 9월 24일부터 약 10개월간에 걸쳐 20명을 살해했다. 마지막에는 윤락녀 11명을 연쇄살인하고 시신을 훼손했다. 2005년 서울에서 열린 한국 심리학회와 서울경찰청 초청간담회에서 미국 FBI의 연쇄살인 전문가인 메리 엘런 오툴(Mary Ellen O'Toole)은 여성을 대상으로 하는 연쇄 살인 사건이 발생하는 이유는 폭력과 성이 결합되기 때문이라고 주장했다.

연쇄적으로 살인하는 것은 살인이 습관화되었기 때문이다. 그리고 이런 습관적 행동은 일정한 시간 간격을 두고 발생한다. 처음에는 발생 기간 간의 간격이 크다가 점차 더 짧아지기 시작한다. 그 이유는 범인이 범행에 자신감을 갖게 되어 습관에 의한 행동에 박차를 더 가하기 때문이다.

유영철이 연쇄살인, 그것도 윤락녀를 많이 살해한 데에는 그의 성장환경의 영향이 컸다. 그의 아버지는 월남전에 참여한 군인이었지만 제대 후 사업에 실패했다. 그래서 유영철의 친모와 가정불화가 잦았다. 그럼에도 불구하고 유영철의 아버지는 바람둥이라서 첩을 데려와 같은 집에서 기거를 했고 그래서 친모가 참지 못하고 가출을 했다. 유영철은 그의 여동생과 함께 계모에게 천대를 받으며 살았고 밥을 굶는 경우가 많았다.

그는 이성에 대한 관심이 높았다. 중·고등학교 때 친구와 함께 동네 술집에서 성매매 여성들의 접대행위를 몰래 훔쳐보곤 했다. 어렸을 때 손님이 술집 방에서 여자들과 노는 것을 문구멍으로 자주 염탐하기도 했다.

그는 고등학교 때 강철주먹으로 용맹을 날렸는데 패싸움에서 그를 이겨 내는 자가 없었다. 화가가 되기 위해 예술고등학교를 지망했으나 색맹이란 이유로 불합격되었다. 정식 인가가 나지 않은 고등학교에 적을 두었으나 곧 자퇴하고 직업 전선에 나섰다. 제주도에 가서 사진관에서 사진보조기사로 일하기도 했으나 곧 서울로 올라와 여자와 동거를 시작했다. 1991년 특수절도로 징역형을 받았고 그가 교도소에 수감되자 처가 이혼신청을 해 이혼을 당했다. 이후 그는 절도, 음화판매, 공무원 사칭, 살인, 강간 등의 다양한 범죄를 저질러 교도소를 자주 들락날락하였다.

2004년 3월부터 그는 연쇄살인마로 돌변하였다. 그래서 4개월 만에 총 11명의 윤락녀를 강간하고 살해했으며 시신을 훼손했다. 그는 여자의 유방과 음부를 칼로 도려내기도 했다. 여성의 유방과 생식기를 척출하여 이를 자세히 관찰하고는 그것이 남자들을 그렇게 갈망하게 만든 이유가 어디에 있는지 의아해했다고 자백했다.

유영철이 갑자기 연쇄강간살인범으로 돌변한 데에는 그녀의 처가 이혼을 요청했고 그녀가 자기에게 조루증이 있다고 놀린 것이 크게 기여했다. 즉, 그의 성적 열등감 때문에 그는 윤락녀에게 자신의 남성적 힘을 과시하려 했고 그 결과 잔인하게 피해자를 살해했다. 성적 만족을 추구하기 위해 여자를 강간하는 사람은 대개 살인을 하지는 않는다. 그러나 폭력 성향이 있고 자존심이 손상된 사람은 강간과 더불어 살인을 하는데, 이때 그에게 더 큰 만족을 주는 것은 성교보다는 살인에서 오는 쾌감이다.

연쇄살인범은 살인 자체에서 쾌감을 얻는 것을 학습한 사람이다. 살인을 계획하고 실행하는 것은 살인자로 하여금 극도의 불안과 긴장을 초래한다. 특히 살인을 저지를 때 누가 이를 목격했을까 봐 그리고 피살자가 반항을 해 실패할까 봐 살인 시도자는 심한 불안감에 떨어야 한다. 그런데 살인이 무사히 끝나면 안도감과 함께 성공의 쾌감을 맛보게 된다. 연쇄살인범이 계속 살인할수록 그의 살인에 대한 공포는 점점 줄어들고 대신 살인을 통해서 얻는 쾌감은 더 커진다. 독자들은 저자의 이런 설명을 잘 이해하지 못할 것이다. 그래서 다른 예를 하나 들기로 하자.

패러슈팅, 즉 낙하산 타는 것을 즐기는 사람들이 그것에 심취하는 과정을 살펴보면 다음과 같다. 낙하산을 처음 타 보는 사람은 누구나가 큰 공포를 느낀다. 낙하산이 퍼지지 않으면 어떻게 하나? 낙하하여 엉뚱한 곳에 착지해 몸을 다치지 않을까? 공포감은 비행장에 도착하면 더 심해지고 비행기 트랩을 올라가면 최고조에 달한다. 그래서 "나는 오늘 몸이 좋지 않아요."라고 핑계를 댈까 하는 생각까지 한다. 드디어 하강 시간이 오면 완전히 공포에 질려 자기는 비행기에서 뛰어내리지 않겠노라고 소리 지르고 싶다. 그러나 어쩌다 밀려 드디어 하강하고 성공적으로 착지한다. 착지한 순간의 쾌감은 이루 말할 수가 없다. 다음 번 패러슈팅을 할 때는 전에 가졌던 공포가 반으로 줄어들고 이제는 낙하하면서 지상을 감상하는 여유를 갖게 된다. 그리고 계속 패러슈팅을 하면서 그때마다 공포의 시간은 점차 줄어들고 반대로 낙하하면서 갖는 쾌감의 시간은 더 길어진다. 드디어 그는 패러슈팅에 중독된다.

이제 우리는 앞의 패러슈팅 중독과정이나 연쇄살인범의 살인중독과정이 엇비슷하다는 것을 이해할 수 있다. 유영철이 체포되고 난 후 자기가 체포되지 않았었더라면 아마 100명의 창녀를 죽였을 것이라고 호언한 것은 절대 거짓말이 아니다. 그는 선천적인 괴물이 아니다. 살인에서 쾌감을 얻어 연쇄살인이란 습관을 형성한 사람이다.

유영철이 체포된 후 그의 아파트를 뒤져 본 결과, 컴퓨터로 다운 받은 포르노를 상당수 발견했다. 그 역시 포르노중독자였다. 결국 연쇄살인범이란 살인을 습관화한 사람 그리고 살인에서 쾌감이란 보상을 추구하는 사람이다. 더불어 연쇄강간살인범은 포르노중독자로서 성욕과 폭력을 잘못 결합시킨 사람이다.

💡 성중독자

아무리 정력이 좋다 하더라도 사춘기가 지나면 우리는 누구나 성 호르몬의 분비량이 적어지고 성욕도 점차 수그러들기 마련이다. 신혼기에는 평소 억제하던 성 충동을 해결하기 위해 매일 성교를 하지만 '허니문'이 끝나면 그것도 점차 시들어진다. 그러나 성중독에 빠져 나이가 60세가 넘어서도 매일 성교를 하는 사람이 있다. 이런 사람은 성중독에 빠진 사람이고 성교를 습관화한 사람이다.

나는 주위에서 매일 같이 성교를 하는 60세가 넘은 두 사람을 잘 알고 있다. 두 사람 다 전문직에 종사하는 사람이다. 한 사람은 얼굴이 가무잡잡해 우리가 말하는 성욕이 강해 보이는 인상을 주지만 그는 근골질도 아니고 체격이 우람하지도 않다. 보통사람의 체격으로 얼굴이 좀 야위어 체력이 약해 보이는 사람이다. 그러나 그는 매일 성 충동을 느껴 아내에게 매일 잠자리를 요구했다. 처음에는 부인이 고분고분 남편의 청을 들어주었지만 그녀가 40대를 넘어 폐경기가 되면서 이제는 질에 분비물도 생기지 않아 성교 때마다 질에 통증을 느꼈다. 그래서 잠자리를 거부하게 되고 남편은 부인의 허락하에 윤락녀에게서 성욕을 해소하였다. 정말로 그의 부인이 남편의 오입을 허락했는지는 우리가 알 수 없다. 다만 그의 말을 믿을 뿐이다. 그런데 사실 폐경기 이후 많은 여자들이 성교에 흥미를 잃고 잠자리를 거부하는 사람이 많다. 앞에서 말한 바와 같이 질의 호르몬 분비 부족이 그 원인이다.

여자는 폐경기가 되면 난자 생산이 중단되지만 남자는 고령이 돼서도 정자를 산출한다. 그래서 피카소는 90세에 득남하기도 했다. 남자가 늙어서도 정자를 만들 수 있는 것 하고 잠자리를 매일 하는 성중독은 별개의 문제다. 왜 어떤 사람은 매일같이 성욕이 끓어오르는가? 두 번째 남자의 경우가 하나의 해답이 될 수 있다. 두 번째 남자의 직업은 산부인과 의사다. 산부인과 의사이기 때문에 그는 매일 수십 명의 여자 성기를 들여다봐야 한다. 나의 짐작이기는 하지만 그가 환자의 신체를 검사할 때는 의사로서의 역할을 해야 하기 때문에 환자를 여자로 보지 않을 것이다. 그래서 여성의 성기를 더 이상 이성의 성기로 간주하려 하지 않을 것이다. 그러나 히포크라테스의 선서는 선서이고 의사도 사람인지라 여성의 성기를 진찰하면서 무감각할 수는 없을 것이다. 특히 환자가 미인인 경우 그가 여성의 국부를 진찰하면서 아무런 감정을 느끼지 않는다는 것은 거짓말일 것이다. 여하튼 그 의사 역시 매일 아내에게 잠자리를 요구하였고 이에 지친 아내는 자주 잠자리를 거부했다. 그래서 그 사람은 오입으로 그의 성욕을 해소하고 있다.

앞에 예로 든 두 사람은 모두 성중독자다. 첫 번째 사람이 어떤 연유로 매일같이 성행위를 하게 되었는지 모르지만 그가 그런 행위를 하게 된 것은 성욕의 분출이라기보다 성행위가 습관화되었기 때문일 것이다. 그는 전문직 종사자라서 스트레스가 많았고 스트레스를 푸는 그의 유일한 방법이 성교였을 것이다.

한편, 두 번째 산부인과 의사의 경우는 전형적인 자극 단서에 의한 성행위의 습관화다. 즉, 매일같이 여자의 국부를 검사하는 것은 그로 하여금 성욕을 도발시킨다. 그래서 집에 돌아와 매일 아내와 잠자리를 같이하는 것이다.

앞에서 여러 번 이야기했지만 포르노 영화에 중독되는 것, 연쇄 강간범이 되는 것도 성에 중독되기 때문이다. 포르노 영화를 통해 성적 만족을 하는 사람은 거의 매일같이 인터넷을 뒤져 포르노를 내려받는다. 그가 포르노를 찾아 헤매는 것은 새로운 포르노를 찾는다기보다 그것이 하나의 습관이 되었기 때문이다. 즉, 인터넷을 하면 자기도 모르게 포르노 사이트에 손이 저절로 가게 되는 것이다.

매일 하루도 빼놓지 않고 성교를 하는 성중독자에게 신체적인 해가 있는 것 같지는 않다. 첫 번째 예로 든 전문직 종사자는 65세까지 일을 했고 정년이 지난 후에도 몇 년을 더 살았다. 다만 폐암으로 70대 초반에 생을 마감했을 뿐이다. 그가 심한 골초였지만 그것이 성중독과 연관이 있는지는 모른다. 다만 그가 스트레스를 많이 받았다는 것을 짐작할 수 있고 그것이 성중독의 한 원인이 될 수 있다고 예단할 뿐이다.

앞의 산부인과 의사는 은퇴를 했지만 개인 병원을 개업해 아직도 건재하다. 그의 경우를 보면 성중독이 그렇게 신체에 해를 주는 것 같지는 않다. 성중독자가 매일 성교를 할 수 있는 것은 매일 남자가 사정(射精)을 하는 것이 아니기 때문이다. 젊었을 때는 매일같이 사정이 가능하지만 늙으면 정자 생산이나 호르몬 분비(윤활유)가 제대로 되지 않는다. 신체건강상의 문제가 없이 잠자리를 매일 할 수 있다는 것은 그것이 하나의 습관이라 해도 부러운 습관이 아닐 수 없다.

💡 공창문제를 다시 생각해 볼 때다

한국의 성범죄는 폭발적으로 증가하고 있다. 법무부연수원에서 발간한 범죄백서를 보면 강간과 성추행범이 2001년부터 2010년 사이에 약 100%가 증가했다. 즉, 2001년에 이러한 범죄 발생 건수가 1만 446명이었던 것이 2010년에는 1만 9939명으로 증가했다. 매년 10%씩 증가하여 10년에 열 배가 는 것이다. 이런 성범죄의 증가는 인터넷에 떠도는 포르노 영화를 위시해 각종 매스컴에서 선정적인 장면을 자주 방송하기 때문이다. 그리고 젊은이를 아찔하게 자극하는 여성의 과다노출도 한몫하고 있다.

이은석은 자위를 통해 그의 성욕을 해결하다가 군대에 입대했다. 군대에 가면 동료들이 여자 이야기를 많이 하는데 그들의 첫 번째 성경험이 대개 입대 후 첫 휴가 때였다. 일부 애인이 있는 신병은 애인과 첫 성경험을 하지만 애인이 없는 신병은 윤락가를 찾기 마련이다. 이런 이야기를 전해 들은 이은석은 첫 휴가 때 사창가를 찾아 첫 성경험을 했다.

지금은 성에 대한 태도가 많이 달라져 젊은이들이 이성의 친구와 혼전 성관계를 갖는 경우가 적지 않다. 나이트클럽에서 눈이 맞은 커플들이 소위 하룻밤 상대, 즉 'One night stand'로 상대방을 지목해 잠자리를 같이하는 경우도 늘어나고 있다. 그러나 이런 사람들은 부유층 자제이고 애인이 없는 총각들은 이은석처럼 사창가를 찾기 마련이다.

한때 한국은 사창가의 왕국으로 외국에 널리 알려졌었다. 일본 사람들이 한국에 오는 이유가 '섹스관광'이라고 말할 정도로 한국의 사창가는 저급의 미아리 텍사스, 청량리 588에서부터 콜걸을 호출할 수 있는 고급호텔에 이르기까지 다양했다. 그리고 조폭이 모자라는 창녀를 보충하기 위해 시골의 선량한 처녀들을 유혹하고 납치하는 사건이 벌어지기도 했다. 그런 와중에 미아리 파출소에 근무하던 한 여자 경찰관이 미아리 텍사스 사창가를 근절시키겠다는 의지를 표명했다. 이에 한국 매스컴이 가담했고 국회가「성매매방지법」을 통과시켜 더 이상 사창가가 한국에 발 붙일 수 없게 만들었다. 즉, 이제는 성을 파는 사람도 법에 저촉되고 성을 구매하는 자도 입건된다. 물론 과거에도 윤락행위는 한국에서 위법이었다. 그래서 윤락녀는 가끔 경찰의 검색을 받았고 입건되기도 했다. 그러나 이것은 형식적이었고 윤락녀는 보호관찰소로 넘겨지고 기간이 지나면 석방되었다. 한편, 성병과 에이즈를 예방하기 위해 윤락녀는 신체검사증을 소지해야 하고 일정 기간마다 검진을 의무적으로 받았었다.

그러나「성매매방지법」이 국회에 통과되고 경찰이 윤락행위를 엄격히 처벌하자 사창가는 모두 폐쇄되었다. 미아리 텍사스도 청량리 588도 문을 닫았다. 그런 얼마 후 춘천고속도로가 개통되어 서울-춘천 간 왕복시간이 단축되자 서울의 윤락녀들이 춘천의 지하철역 앞 '화초동' 거리로 몰려들어 그곳의 사창가가 번창하게 되었다. 그러나 매스컴이 이를 지적함에 따라 경찰이 이 지역을 엄격히 순찰해 결국 '화초동'의 윤락가도 폐쇄되었다.

「성매매방지법」이 발동하고 경찰의 단속으로 과거 사창가를 방문하던 사람이 사라졌지만 인터넷을 할 줄 아는 사람은 인터넷을 통해 성을 파는 사람을 구할 수 있다. 그러나 인터넷을 할 줄 모르는 사람이나 비싼 원조교제식의 오입을 할 수 없는 사람은 성욕의 배출구가 차단되었다.

저자는 현 우리나라의 「성매매방지법」을 다시 생각해야 된다고 주장한다. 매춘은 인류가 탄생한 후부터 생긴 가장 오래된 직업이라고 사회학자들은 말한다. 그리고 유럽에서는 공창(公娼)을 허용하고 창녀를 엄연히 하나의 직업으로 간주한다. 예컨대, 스칸디나비아 3개국은 모두 공창을 갖고 있고 프랑스도 마찬가지다. 공창이 없는 구라파의 여러 나라에서도 과거의 우리나라와 같은 느슨한 「성매매방지법」을 갖고 있다. 왜 선진국, 즉 인권과 여성권리가 최대로 보장되고 있는 나라에서 공창제를 폐기하지 않고 있는가? 성을 배출할 적당한 수단을 갖고 있지 않은 사람에게 성욕을 해소할 수 있는 유일한 방법이 공창이기 때문이다.

미국은 어떤가? 미국도 공창은 없다. 그러나 주에 따라 성매매에 대한 법적 처벌이 다르다. 예컨대, 하와이 주는 대낮에도 창녀를 쉽게 찾아볼 수 있다. 즉, 그들은 관광객에게 접근해 성매매를 제의한다. 경찰이 가까이 오면 그 자리를 피하면 된다. 경찰은 누가 창녀인지를 알고 있지만 그의 면전에서 호객행위를 하지 않는

한 창녀를 체포하지 않는다. 하와이 호텔 스트리트에 가면 창녀들
이 길거리에 나와 노골적으로 손님을 유혹한다. 경찰은 그 거리를
순회하기는 하지만 이들을 무조건 연행하지는 않는다. 하와이 주
가 미국의 다른 주에 비해 창녀에게 관대한 것은 관광 사업 때문
이다. 하와이는 제조업체가 없어서 오로지 관광 사업에 온 주민이
생계를 걸고 있다. 그런데 관광 사업에서 섹스관광은 큰 몫을 차
지하고 있다.

　우리나라 젊은이들이 필리핀, 중국, 태국에 섹스관광을 간다는
것은 널리 알려진 사실이다. 한국에서 오입하기가 어려워지니까
이들 나라로 관광 겸 섹스를 하러 간다. 그들이 해외에서 뿌리는
돈이 적지 않을 것이다. 관광 적자인 우리나라가 고민해야 할 문
제가 아닐 수 없다.

　최근 우리나라에서 성범죄가 늘고 있는데 과거 이런 성범죄는
질이 좋지 않은 깡패나 범죄 소질이 있는 계층이 전담했다. 그러
나 최근에 성추행은 일류대학 교수, 군 장성(將星), 일류대학 의대
생, 사법연수생 등 우리나라의 엘리트층에게서도 자주 발생한다.
그 원인은 어디에 있을까? 물론 성 충동을 자제하지 못한 그들에
게 일차적인 원인이 있다. 그러나 간접적인 원인은 우리나라가 성
행위를 자유롭게 행하지 못하게 막는 법과 사회풍토에 있다.

　미국을 보자. 미국은 성인 남녀의 성행위는 당연한 것으로 간주
한다. 미국에는 '간통죄'라는 것이 없다. 성행위는 개인적인 일이
고 이성적인 성인 남녀가 성행위를 갖는 것을 국가가 법적으로 간

섭한다는 것은 언어도단이라고 생각하기 때문이다. 최근 우리나라에서도 간통죄를 폐기하려는 움직임이 일어나고 있지만 아직은 유림(儒林)들의 거센 항의를 받고 있다.

청소년들의 성행위에 대한 부모의 태도도 미국의 경우는 실질적인 데 비해 우리는 형식적이라서 부작용이 많다. 미국에서 여중생을 가진 부모는 딸의 도시락에 피임제를 넣어 주는 것을 잊지 않는다. 미국 부모가 딸이 남자친구와 잠자리를 같이하는 것을 알고 있다고 하자. 그들은 우리나라 부모처럼 그것을 야단치고 말리려 하지 않는다. 왜? 그래 보았자 자녀들은 이성과 잠자리를 하기 때문이다. 그래서 딸에게 무언중에 '잠자리는 하더라도 제발 임신은 하지 마라.'는 뜻으로 도시락에 피임약을 넣어 주는 것이다. 그래서 미국에 청소년 미혼모가 없는 것은 아니지만 우리처럼 그렇게 많지는 않다.

반면, 한국 부모들은 자녀를 낙관적으로 본다. 자기 자녀들은 아직 어려서 성에 눈을 뜨지 않았다고 착각한다. 그러나 앞에서 말한 바와 같이 한국의 2~3학년 초등학생이 포르노를 돌려 가며 보고 있다는 사실을 부모들은 모르고 있다. 그래서 성교육도 겉치레에 불과하다. 미국과 같은 방식으로 어떻게 성교가 이루어지고 어떻게 임신이 되며 임신을 방지하는 방법이 무엇인지 자세히 가르쳐 주지 않는다. 그래서 한국의 청소년들은 포르노에 중독되어 성교를 하고 임신방지 대책을 강구하지 않는다. 그래서 미혼모가 늘어나고 있다.

어느 날 TV를 틀어 보니 미아리 경찰서에서 근무하던 그리고 미아리 텍사스를 철거하는 데 앞장섰던 여자 경찰관이 나와서 자기가 과거에 주장했던 사창가 근절이 최선의 방법이 아니었음을 고백했다. 자기는 사창가 근절로 모든 것이 다 해결될 줄 알았는데 해결되기는커녕 부작용이 더 많다는 것이다. 부작용은 이제 사창가가 미아리 한군데로 몰려 있는 것이 아니라 일반 주택가로 더 넓게 그러나 남에 눈에 띄지 않게 퍼져 나가는 것이다. 그리고 예전에는 성매매 값이 10만 원 미만이었는데 이제는 고급화하여 화대가 최소 30만 원에 호텔 숙박비가 첨가된다. 사창가는 사라지지 않고 고급화하여 일부 부유층만이 성매매를 한다. 그래서 앞에 말한 바와 같이 젊은이들이 휴가철만 되면 무리를 지어 동남아로 섹스관광을 가는 것이다.

우리나라의 성문제는 비단 성욕이 왕성한 청소년이나 청춘남녀에게만 있는 것이 아니다. 노인의 성문제도 심각하다. 종로 3가에 가면 퇴직한 나이 많은 사람들이 나와 잡담을 한다. 그런데 이런 노인들을 상대로 매춘하는 여인들이 많다. 우리의 수명이 길어짐에 따라 노인 인구가 점차 늘어 가고 그에 따라 홀아비가 많이 생긴다. 그런데 과거와 달리 홀아비가 체력이 왕성해 성욕이 감퇴하지 않는다. 그래서 종로 3가에는 여관에서 홀아비의 매매춘이 자주 발생한다. 그런데 매춘녀를 검진하지 않기 때문에 최근 노인들의 성병이 급증하고 있다.

이 장에서 살펴본 바와 같이 성욕은 강력한 본능이지만 성행위의 일부는 습관적 행동이다. 그리고 성행위가 잘못 길들여지면 성 추행범, 강간범, 연쇄살인범으로 발전한다. 일반인도 포르노중독에 빠지고 사례는 적지만 성중독에 빠지기도 한다. 성의 배출구를 원만하게 그리고 용이하게 배려하는 풍토와 법이 마련되지 않으면 성과 관련된 범죄가 폭증하고 양심적인 사람까지도 실수를 범해 사회에서 지탄받는 경우가 잦아지게 된다.

따라서 우리의 성문화를 되짚어 보고 우리의 현행「성매매방지법」이 과연 본래의 의도를 충실히 이루고 있는지 분석해야 한다. 이 법이 오히려 국민들을 불편하게 만들고 선량한 국민마저 한순간의 유혹으로 범법자로 낙인찍는 부작용을 초래하는지 심각하게 논의할 필요가 있다. 그럼으로써 우리는 수많은 미혼모를 방지할 수 있고, 해외 섹스관광으로 인한 외화 낭비를 줄일 수 있으며, 더 궁극적으로는 모든 한국인이 행복한 성생활을 영위하도록 도와줄 수 있다.

08

사회학습

08
사회학습

프로이트는 인간행동이 인간 내부의 욕구(또는 충동), 예컨대 성 충동, 공격성, 그리고 에로스에 의해 발생한다고 보았다(이 책의 1장을 볼 것). 반면, 스키너는 프로이트의 그런 이론은 실험으로 증명할 수 없는 허구적인 것이라고 비판했다. 더구나 그런 욕구나 충동이 무의식적으로 우리 생활에서 작용하고 있다니 이를 실험으로 증명하는 것은 불가능하다. 그래서 스키너는 인간행동을 연구할 때 눈에 보이는 행동, 즉 심리학자로서 관찰할 수 있는 행동만을 연구해야 한다고 주장했다. 그 결과 스키너는 비둘기 실험을 통해 행동이 외부의 강화에 의해 학습되고 습관화된다는 것을 증명했다(이 책의 3장을 볼 것). 인간을 대상으로 한 대표적인 예는 앨버트라는 아

동에게 공포를 조건형성해 주고 반대로 앨버트의 공포를 탈학습
하게 한 실험이다.

한편, 이 장에서 다루는 반두라라는 사회심리학자는 프로이트
의 내적 동기와 스키너의 외적 강화 이론 모두를 충분하지 못한
이론으로 간주했다. 그는 두 이론이 하나로 합쳐져야 인간행동을
온전하게 설명할 수 있다고 주장한다. 그 첫 번째 이유는 인간이
미리 사건을 예상할 수 있는 예측력을 갖고 행동하기 때문이다.
예컨대, 우리는 직접 자동차 사고를 당하고 나서 보험이 필요하다
고 생각해야만 자동차 보험을 드는 것이 아니다. 자동차 사고란
누구에게나 일어날 수 있다고 예측하기 때문에 우리가 직접 사고
를 경험하지 않고도 보험에 가입한다. 이런 행동은 스키너 이론으
로 설명할 수 없다. 왜냐하면 스키너 이론은 우리가 직접 행동하
거나 경험하는 것을 전제로 하기 때문이다. 더 나아가 반두라는
우리가 꼭 외부의 보상을 받아야 어떤 습관을 형성하는 것은 아니
라고 주장하는바, 우리는 타인의 행동을 본보기로 삼아 행동할 때
가 있음을 예로 들었다. 예컨대, 열심히 노력하면 성공한다는 위
인전의 예는 우리로 하여금 일에 매진하는 행동을 촉발하고 이를
강화해 준다. 그런데 위인전의 예는 하나의 예일 뿐 우리가 한 행
동에 직접 강화를 주는 것이 아니다.

그러나 반두라의 사회학습 이론은 스키너 이론의 핵심을 그대
로 이용하고 있다. 예컨대, 그는 스키너의 강화 이론을 채택하되
이를 보다 더 인간행동에 알맞게 확대했다. 그리고 반두라는 인간

이 자의식을 갖고 행동하는 존재라고 생각하기 때문에 자기보상, 자기규제와 같은 개념을 도입했다. 그래서 그의 이론은 스키너의 이론보다 인간적인 모습의 학습과 습관행동을 더 잘 설명한다.

이 8장을 이해함으로써 독자는 인간행동을 보다 더 폭넓게 이해하고 자신의 바람직한 습관을 형성하거나 반대로 나쁜 습관을 교정하는 데 필요한 여러 가지 방법을 터득할 수 있다. 이제 반두라의 이론 중 습관형성과 관련된 중요한 법칙을 예를 들어 설명해 보기로 한다.

관찰학습

관찰학습은 반두라의 사회학습 이론의 핵심요소 중 하나다. 독자들은 관찰학습이 이 책의 1장에서 말하는 모방과 비슷하다는 인상을 가질 것인데 그런 생각은 옳다. 관찰학습은 모방학습에서 하는 것처럼 관찰자가 어떤 제3자가 수행하는 행동을 유심히 관찰하고 이를 흉내 내는 것이다. 그런데 모방학습에서는 모방이란 각인처럼 우리가 선천적으로 갖고 태어나는 능력이고 모방은 무의식적으로 수행된다고 본다. 그러나 반두라는 이런 식의 단순한 무의식적인 모방을 포함해서 관찰자가 보다 더 능동적으로 모방하는 경우가 있는데 이것을 관찰학습의 중요한 특징으로 간주했다. 예컨대, A라는 아동이 B라는 아동이 자기 동생을 잘 돌보고 집안을

정리하여 부모에게 칭찬받는 것을 관찰한 경우 A는 B의 행동을
모방하여 자기도 동생을 돌보고 집안 청소를 한다. 그런데 스키너
는 A가 단순히 B의 행동을 모방한 것으로 보지 않고 A가 B의 행
동을 머릿속에 기억해 두고 이를 회상해 내며 심지어는 이를 확대
할 수 있다고 본다. 즉, A는 B의 행동을 단순 모방한 것이 아니라
그것의 의미, 중요성을 인식하여 이를 뇌에 저장하고 활용하여 커
서 남을 도와주는 봉사활동으로 확대해 나간다는 것이다. 즉, 반
두라는 관찰학습에는 단순모방이 아닌 세심한 주의, 관찰, 기억,
재생, 그리고 확대라는 일련의 과정이 개재한다고 주장한다. 반
두라는 모방을 기계적이고 무의식적으로 보던 인류학자 입장에
서 한걸음 더 나아가 정교한 모방학습, 즉 관찰학습 이론을 고안
했다.

⚲ 나의 저술 활동

이 책의 3장 1절, 두 번째 단락에서 '나의 저술활동'을 소개한
바 있다. 저자는 1980년 연세대 심리학과가 창설됨에 따라 그 학과
에 취임하면서 매년 책 1권씩을 저술하기로 결심하였다. 그리고
25년간 그곳에 봉직하면서 25권의 책을 출판하였다. 사실 교수는
바쁜 몸이다. 저자가 새로 창설된 학과에 취임한지라 교수가 두
사람밖에 없고 그중 한 사람은 학교행정 일을 맡아 바쁜지라 학과

에서 제공하는 여러 심리학 과목을 저자가 가르쳐야만 했다. 그러다 보니 저자의 전공이 아닌 학습심리학, 정신위생, 성격심리학 등 여러 과목을 가르쳐야 했고 그 준비를 하려면 수험생이 공부하듯 밤을 새워야 했다. 그래서 취임하면서 벅찬 마음에 저자가 결정한 1년에 책 1권씩의 저술이 쉽지만은 않았다. 그러나 이를 악물고 이를 감행했는데 성공하게 된 원인은 저자가 스키너의 '자기보상법'과 '자기규제' 방법을 채택했기 때문이다.

'자기보상법'은 이 책의 '나의 저술 활동'에서 설명하였지만 여기서 다시 상기해 보자. 나는 여름방학과 겨울방학에 저술 작업에 착수한다. 책을 쓸 때 하루에 원고지 40매를 쓰기로 스스로 작정하고 내가 이 목적을 달성하면 내가 하고 싶은 일, 예컨대 TV 시청, 테니스, 음주 등을 한다(자기보상). 그러나 이 하루 책임량을 채우지 못하면 위와 같은 행동을 절대로 하지 않는다(자기 처벌). 그리고 책은 내가 쉽게 쓸 수 있는 내용, 즉 내가 잘 알고 있는 것부터 먼저 쓴다. 이렇게 하면 방학한 지 한 달 반에 저술할 책의 반이 채워진다. 그러면 이미 써 둔 것이 아까워 나머지 어려운 장들을 나머지 방학기간에 어쩔 수 없이 끝내게 된다.

나는 이 자기보상법을 퇴직한 2006년 이후에도 계속 실시하고 있다. 그래서 매년 책 1권을 저술하여 퇴직한 후 7권의 책을 더 출간했다. 자기보상법을 통한 책 저술 방법은 내가 글을 쓸 수 있는 때까지 실천하려 한다. 나의 희망은 90세까지 저술 작업을 계속하는 것이다. 물론 자기보상법을 계속 적용할 것이다.

독자는 스키너의 이론에서 보상(또는 강화)이 아주 중요한 역할을 한다는 것을 이해했다. 즉, 보상이란 배고픈 비둘기에게는 콩, 어린아이에게는 초콜릿으로서, 이것들은 비둘기와 어린아이의 욕구를 충족시켜 준다. 그래서 비둘기와 어린아이는 보상받은 행동을 재현하는데 이 행동을 학습하고 습관화한다. 그런데 스키너의 보상은 제3자, 즉 실험자가 주인공(비둘기 또는 아동)에게 주는 것이다. 즉, 보상은 외부의 누군가로부터 부여된다. 그러나 반두라는 인간은 반드시 외부로부터 보상을 받고 자기행동을 습관화하지 않는다고 역설한다. 외부 보상도 발생하지만 자기 스스로 자기를 보상할 수 있다고 주장했다. 보상이란 개념이 스키너에 의해 고안되었지만 반두라는 이를 확대해 '자기보상'이란 개념을 고안했고 이 개념은 반두라의 사회학습의 중요한 핵심요소가 되었다.

반두라는 '자기보상' 또는 '자기처벌' 개념을 '자기규제'라는 폭넓은 개념 속에 한데 묶었다. 자기규제란 인간이 어떤 목표를 세워 놓고 이를 달성하기 위해 스스로 자기와의 계약을 맺되 더 구체적으로 자기보상법과 자기처벌법을 결정하는 것이다. 자기처벌에는 자기에게 어떤 처벌행동을 가하는 것도 있지만 이보다는 자기보상을 하지 않은 것도 자기처벌이다. 즉, 저자가 하루 40매의 원고를 쓰지 못할 경우 내가 좋아하는 일을 하지 못하게 하는 것, 이것은 보상을 거두는 것이자 자기처벌 방법이다.

반두라는 자기에게 주는 보상 내용과 그 수준을 어떻게 정할 것인가를 통털어 '자기보상 체계'라고 부르고 이 보상 체계에 관해 여러 가지 실험을 했다. 그 결과 우리가 자기보상 체계를 스스로 확립하기도 하지만, 모델을 통해서 배우는 것임을 밝혀냈다. 그 실험을 설명하면 반두라는 어린이로 하여금 모델이 자기보상을 위해 높거나 혹은 낮은 성취기준을 채택하는 것을 관찰하도록 했다. 모델은 자기가 세운 기준을 성취하거나 능가했을 때 자신을 보상하며 크게 자찬한다. 그러나 성과가 자신이 정한 기준에 못 미치는 경우, 가능한 보상을 거부하고 자책한다. 관찰자(어린이)는 그 후에 스스로 비슷한 과업을 수행하며 자신을 보상하거나 처벌한다. 그리고 이때 모델이 정한 보상 수준을 그대로 적용한다.

우리가 자기보상의 수준을 세울 때 다른 사람의 보상 수준(즉, 모델의)을 모방하지만 그 모방할 모델은 수없이 많다. 어떤 모델은 국가 원수일 수 있고 어떤 모델은 아버지가 될 수 있다. 우리가 어떤 모델의 보상 수준을 택하는가는 자신의 자신감, 노력, 그리고 성취의욕에 달려 있다. 그리고 우리는 모델이 선정한 보상 수준이 아닌 자기가 스스로 세운 자기만의 보상 수준을 정할 수도 있다.

⚬ 도자기공, 창작하는 사람의 보상 수준

자신을 스스로 보상하는 사람은 무조건 자기행동에 보상을 주는 것이 아니다. 자기가 잘한 행동을 보상하는 것이다. 그런데 '잘한 행동'이 무엇인가에 대한 그 기준을 정해야 한다. 동생을 돌보고 집안을 청소하는 것은 그 행동의 질을 따질 필요가 없이 칭찬받을, 즉 보상받을 만한 행동이다. 그런데 저자가 원고지 40매를 쓰는 작업은 단순히 그 양만 따져서 보상할 일이 아니다. 40매를 쓰되 그 내용이 독창적이고 새로운 개념, 이론을 생각해 낸 것이냐 여부를 따져야 한다. 그래서 우리는 '자기보상 체계'에서 보상의 기준을 좀 더 자세히 규정해야 한다.

자기보상 수준을 외부의 보상 수준에 따라 결정하는 경우가 많다. 일반적으로 어떤 창작물에 관해 전문가가 평가한 수준이 바로 자기 자신의 보상 수준이 된다. 예컨대, 미술, 음악, 건축물에 대한 외부 전문가의 평가 수준이 바로 자신의 보상수준이 되기 쉽다. 그러나 사람에 따라 자기보상 수준을 굉장히 높은 것으로 삼는 사람이 있는데 이들은 시중 사람의 평가에 영향을 받지 않는다. 많은 예술가, 예컨대 고갱은 그의 작품이 생전에 미술평론가로부터 외면당했지만 자신의 높은 예술세계를 포기하지 않았다. 사후에 그의 작품이 우수함을 인정받아 후세인들은 고갱을 더욱 존경하게 되었다.

고려청자나 조선백자를 굽는 도자기공들도 자기 나름대로의 보상 수준이 있었다. 어떤 도자기공은 보상 수준이 낮아 웬만한 도자기들을 모두 합격품으로 인정한다. 반면, 어떤 도자기공은 그 보상 수준이 높아 자기 마음에 들지 않은 도자기는 무조건 망치로 박살을 낸다. 그래서 그가 만든 도자기는 귀하고 오늘날까지 높은 평가를 받는다.

우리는 누구나 자존감 또는 자기존중감을 갖고 있다. 그런데 이 자존감은 남이 자기를 존중할 때 생기는 뿌듯한 감정이다. 자기가 잘난 사람인가의 여부는 자기가 자기 얼굴을 거울 없이는 볼 수 없는 것과 마찬가지로 자기가 평가하기보다는 남의 평가(즉, 남이라는 거울에 비친 자기)에 의해 결정된다. 이은석이 학교 석차가 전교 7~8등이었음에도 불구하고 그리고 일류대 일류학과에 진학했음에도 불구하고 심한 열등감을 가졌던 이유는 그가 친구 철이로부터 중·고등학교 6년 동안 '원숭이'라는 별명을 얻어 놀림을 받았기 때문이다. 그의 아버지조차 그를 조롱했는데 "너는 키가 작아 아무것도 할 것이 없어. 열심히 공부해 판·검사가 되는 수밖에 없어."라고 말했다. 물론 아버지는 이은석에게 공부를 독려하기 위해 빗대어 말한 것이지만 이은석은 키가 작다는 열등감을 가지고 있었기 때문에 아버지의 말은 그에게 깊은 상처를 남겼다. 오히려 아버지는 '얘야! 너 키가 작다고 주눅들지 말아라. 나폴레옹도 그리고 박정희 대통령도 키가 작았다.'라고 말했어야 한다. 이렇게 우리의 자존감은 우리에 대한 다른 사람의 평가에 달려 있다.

그러나 반두라는 자기보상 체계를 설명하면서 우리의 자존감은 자기보상이 결정하기도 한다고 주장했다. 소위 자존감의 '거울 이론', 즉 우리의 자존감은 남이란 거울에 비친 우리 모습이라는 이론에 도전한 것이다. 반두라는 우리가 우리 행동에 보상을 줄 수 있고 그 보상에 따라 자기 위신이 높아지는 반면, 자기보상에 처벌을 하고 자긍심이 낮아질 수 있다고 주장했다. 다음 예를 살펴보면 자기보상과 자존감과의 관계를 보다 잘 이해할 수 있다.

ⓘ 어느 두 테니스 선수

테니스는 단식보다는 복식으로 하는 경우가 많다. 그 이유는 단식경기는 너무 힘이 들고 사람들이 많은 경우 테니스 면이 부족해 단식 경기를 하기가 힘들기 때문이다. 그런데 복식경기는 실력이 서로 엇비슷하게 두 팀을 구성해야 재미가 있다. 한 팀이 에이스들로 구성된 반면, 다른 한 팀은 보통 수준의 사람들로 짜여진다면 에이스 팀이 승리할 것임은 틀림없다. 그래서 복식경기를 할 때는 네 명이 모여 서로 어떻게 조를 짤 것인가를 상의하여 결정한다. 그런데 내 친구 하나는 복식경기를 하려 네 명이 모여 상의하기 전에 미리 자기가 누구와 함께 파트너를 했으면 좋겠다고 말한다. 테니스 회원들이 다 친구이기에 그의 주장을 반박하기가 힘들다. 그는 항상 상대팀보다 경기를 잘하는 사람을 자기 파트너로 선정한다. 그리고 그의 주장이 받아들여지면 경기를 하고 그렇지 않으면 핑계를 대고 경기를 양보한다. 늘 잘하는 사람과 파트너가 되어 경기를 하기 때문에 그 친구는 늘 이긴다.

내가 테니스를 잘 치는가의 판단은 경기에서의 승패율에 따라 결정된다. 내가 경기를 해서 주로 이겼다면 나는 테니스를 잘하는 사람이라고 스스로 판단한다. 반대로 내가 주로 경기에 패했다면 나의 테니스 실력이 형편없다고 판단하기 쉽다. 그리고 경기에서 자주 이기면 기분이 좋아지고 자존감도 높아진다. 반대로 경기에서 자주 지면 기분도 나쁘고 자존감도 낮아진다.

자! 여기서 우리가 한 번 생각해 볼 일이 있다. 잘 치는 사람하고만 파트너를 하려는 친구는 왜 그런 주장을 하는 것일까? 이겨서 자기에게 보상(승리라는 보상)을 주기 위한 것이다. 그리고 그 보상을 하면 자존감이 높아지기 때문이다. 그러면 왜 그는 항상 자존감을 더 향상시킬 생각만 하는가? 즉, 쉽게 이겨서 쉽게 자존감을 높게 가지려 하는데 그 이유는 무엇인가? 그의 보상 체계에서 보상 수준이 낮기 때문이다. 즉, 그는 평소 열등감이 많기 때문에 열등감을 없애기 위해 테니스에서 자주 이겨야만 했다. 그의 직장경력을 분석한 결과, 그는 동료에 비해 제대로 된 경력의 소유자로 당당하게 입사한 사람이 아니었다. 특수한 케이스로 예외적으로 입사한 사람이었다.

반대로 자기보상 수준을 엄격히 또는 높게 책정한 사람은 강한 팀을 상대로 경기하는 것을 거부하기보다는 이를 더 즐겨 한다. 즉, 그는 자기가 질 확률이 높지만 잘하는 사람과 경기하여 이기면 그때서야 자기보상을 주는 것, 자기를 칭찬하는 것이다. 이 사람은 앞의 나의 친구에 비해 자긍심이 높아지는 회수는 적지만 자긍심의 수준은 전자보다 더 높은 수준이다. 즉, 평범한 선수가 아닌 우수한 수준의 경기 대상자를 이겼다는 사실 때문에 그의 자긍심은 한층 더 높아지는 것이다. 그리고 그의 경기실력은 앞의 사람보다 더 진보할 수 있다. 왜냐하면 우리는 자기보다 실력이 높은 사람과 경기를 해야 실력이 늘기 때문이다.

정리한다면 스키너와 달리 우리는 자기보상을 할 수 있는 존재다. 그리고 자기보상 수준은 사람마다 다르다. 그래서 역설적이지만 위대한 사람, 예컨대 아인슈타인, 스티브 잡스 같은 사람은 일반인이 생각한 것처럼 자긍심이 그렇게 높지 않았다. 왜 그렇게 되었을까? 그들은 높은 자기보상 수준을 가졌기 때문에 자기보상을 할 기회가 그렇게 잦지 않았기 때문이다.

💡 위인전을 많이 보급하자

사회학습이란 결국 우리가 모델의 행동을 관찰하여 이를 모방하는 것이다. 모델이 어떤 행동을 하여 외부로부터 보상을 받는 것을 보고 이를 모방하고 또 자기 스스로 자기보상체계를 설정해 자기행동에 대해 보상한다. 그래서 청소년들에게 바람직한 모델을 보여 주는 것이 기성세대가 할 역할이다. 바람직한 모델은 누구이고 청소년에게 그 모델을 어떻게 보여 줄 것인가? 저자가 생각하는 제일 간편하고 좋은 방법은 위인전을 많이 출간하여 이를 보급하는 것이다.

우리나라에서 읽을 수 있는 위인전은 대개 서양 위인에 관한 것이다. 우리나라 사람을 주인공으로 한 위인전은 아주 적다. 우리

나라 역대 대통령과 유명한 사업가에 관한 위인전이 없는 것은 아
니다. 그런데 우리나라 위인전은 사실 그대로를 기록하기보다 잘
한 것만을 골라 코팅한 자화자찬서가 많다.

우리나라에서 전기 작가가 어떤 사람을 한국의 위대한 인물로
선정하고 그의 행적을 샅샅이 뒤져 그대로 발표했다가는 봉변당
하기 쉽다. 즉, 위인전을 있는 그대로 기술했다가는 가족이나 종
가(宗家)로부터 항의의 빗발이 쏟아진다. 자기의 선조를 욕되게
했다는 것이다. 그러나 코팅한 자서전은 그 존재 가치가 없다.

반면, 외국에서는 위인전을 쓸 때 주인공에 관해 있는 그대로의
사실을 토대로 저술한다. 저자는 최근 스티브 잡스(Steve Jobs) 전
기를 읽었다. 그런데 재미있는 사실을 발견했다. 세계적으로 유명
한 전기 작가 월터 아이작슨(Walter Isaacson)은 잡스로부터 잡스
생전에 자기 전기를 집필해 달라는 부탁을 받았다. 그러나 그는
이를 거절했다. 왜냐하면 잡스는 유명한 스마트폰 발명가이기도
하지만 성격이 괴팍하고 독재자였기 때문이다. 돈을 많이 준다고
해도 거절하자 잡스는 월터 아이작슨을 다시 찾아가 그 이유를 물
었다. 그랬더니 그 작가는 몇 가지 조건에 동의한다면 그에 관한
전기를 쓰겠다고 말했다. 그 조건이란 첫째, 전기를 그의 생전(生
前)에 출판하지 않는 것이다. 둘째, 쓰는 도중에 전기를 절대로 잡
스가 보지 않는 것이다. 마지막으로 그가 면담할 사람을 잡스가
거절하지 않고 방해하지도 않는 것이다. 잡스가 이 조건을 수락하
자 월터 아이작슨은 잡스에 관한 전기 저술에 착수하고 잡스가 사

망한 후 이를 출판했다. 잡스를 벌거벗기고 아주 적나라한 잡스 이야기를 쓴 것이다.

이렇게 외국의 전기 작가는 주인공을 위해 전기를 쓰는 것이 아니라 주인공이 어떤 식으로 성장했고 어떤 문제점이 있었는데 이를 어떻게 극복했는가를 있는 그대로 밝히는 것이다. 위인이라고 해서 모든 점에서 성인(聖人)의 모습을 보이는 것은 아니다. 에이브러햄 링컨(Abraham Lincoln)은 집에서는 아버지 역할을 제대로 못했고 케네디(John F. Kennedy)는 마릴린 먼로라는 육체파 미녀를 백악관 침실에 끌어들여 정사를 나눈 호색한이다.

잡스는 미혼모에게서 태어났다. 그의 어머니는 미국의 양가집 딸로 명문대생이었다. 아버지는 이슬람계에 속하는 외국 유학생이었다. 잡스의 두 부모는 양가로부터 결혼 승락을 얻지 못하고 동거에 들어가 잡스를 출산했다. 잡스의 친모는 부모의 강권으로 잡스를 입양기관에 넘기고 친권을 포기했다. 그런데 잡스의 입양이 쉽게 이루어지지 않았다. 잡스가 남자 아이였고 친모가 입양할 부모가 대학 출신이어야 한다는 조건을 달았기 때문이다. 그러다 한 지원자가 나타나 자기는 고등학교만 나왔지만 잡스를 대학까지 교육시키겠으니 자기가 입양하게 해 달라고 간청했다. 입양기관에서 이를 승낙했다. 잡스의 양부는 조그만 기계부속품 회사에 다니는 사람으로 헌 차를 뜯어 이를 고쳐 되파는 일을 부업으로 했다. 그래서 그가 차를 분해하고 조립하는 과정을 어린 잡스가 옆에서 구경하고 돕기도 했다. 잡스가 애플 전자회사를 창립하고 창고에서 전자제품을 뜯고 이를 조립하던 기술은 그의 양부로부터 배운 것이다.

잡스의 양부는 잡스를 대학에 보낼 경제적 여유가 없지만 입양 기관과의 약속을 지켜 은행에서 대부를 받아 잡스를 대학에 보냈다. 그러나 잡스는 대학에서 중퇴하고 벤처사업을 시작했다. 잡스는 성질이 급하고 괴팍해 창업동지가 도중에 하차하고 자기가 창업한 애플 전자회사로부터 파면당하기도 했다. 그러나 그는 신제품을 만들어 재기했고 다시 애플 회장으로 재취임했다.

잡스는 양부모를 극진히 모셨다. 그러나 친부모가 어디에 살고 있는지는 알았지만 만나기를 꺼렸다. 친부가 잡스가 사는 동네의 조그마한 음식점에 매니저로 일하는 것을 알고도 그를 스쳐 갈 뿐 인사를 나누지 않았다. 자기를 버린 부모에 대한 앙금이 가시지 않았기 때문이다.

우리는 미국의 유명한 TV 앵커인 바버라 월터스(Barbara Walters)를 잘 알고 있다. 그녀는 흑인이며 얼굴도 그저 그렇다. 그러나 미국에서 유명한 앵커로 각광을 받았다. 그녀는 고생을 많이 겪은 탓에 가난한 사람을 많이 도와주고 방청객 모두에게도 고급 상품을 선물했다. 그런데 바버라 월터스의 초기 삶은 극단과 극단을 오가는 것이었다. 그녀는 하버드 대학에 입학한 영재였지만 어떻게 하다 길을 잘못 들어 마약에 손을 대기 시작했고 드디어 학교를 중단하고 마약에 중독된 폐인이 되었다. 그러나 어느 순간에 자신이 이래서는 안 된다고 반성을 하고 재기에 성공했다.

우리는 존 F. 케네디처럼 좋은 가문에 태어나 일류대학을 나오고 아버지의 도움으로 정계에 투신하여 상원의원과 대통령이 된 사람의 전기를 좋아한다. 그러나 그런 사람보다는 바버라 월터스나 스티브 잡스처럼 좋지 않은 가문에 태어나거나 입양아로 길러져 갖은 역경을 경험하고 이를 물리친 위인의 전기를 더 좋아한다. 그들의 굴곡진 인생 이야기가 우리에게 보다 진한 감동을 주기 때문이다.

우리나라에서도 진실이 담긴 전기가 많이 출간되어야 한다. 우리나라에서는 성공한 사람을 높히 사기보다는 그를 깎아내리려는 사회풍토를 가지고 있다. 그래서 학생들에게 "제일 존경하는 한국사람이 누구냐?"라고 물으면 한결같이 "우리 부모님."이라고 응답한다. 물론 자기를 위해 희생하고 있는 부모를 존경하는 것은 당연하다. 그러나 부모 못지않게 좋아하는 한국의 위대한 정치가, 경제인, 학자, 종교인이 한 명쯤은 있어야 한다. 그래서 청소년들이 그를 모델로 하여 그의 행동, 사고방식, 가치관, 인생관을 섭취해야 한다. 그래야 한국 미래에 희망이 있다. 우리 청소년들이 아이돌에 환성을 지르고 좋아하듯이 한국의 유명 인사를 좋아하게 만들어야 한다. 그러려면 유명인사에 대한 전기를 있는 그대로 저술해야 한다. 유명인사의 가족이나 종문(宗門)이 전기 저술에 개입하는 것은 자제해야 한다. 그것이 조상을 폄하하는 것이 아니라 더 위하는 길이기 때문이다.

이 장을 정리하면 사회학습 이론은 스키너의 학습 이론이 외부의 보상에 의해 우리의 행동이 결정된다고 보는 것에서 탈피하여 인간이 스스로 모델을 모방하고 자기보상을 하여 자기규제하에 자기행동을 관리해 나간다고 주장하고 있다. 즉, 스키너가 인간을 피동적인 존재로 간주한 것에 비해 반두라는 인간의 자율성, 목표지향성, 자기관리를 강조했다. 그러나 반두라 이론의 핵심은 바로 모델링의 모방을 근거로 한 것이다. 그러므로 인간의 자율성 못지않게 인간에게 영향을 주는 주변 사람, 사회환경도 아주 중요한 역할을 하는 것이다.

반두라의 자기보상과 자기규제 이론은 인간이 목표를 세우고 이를 자기관리하에 추진할 수 있다는 사실을 시사하고 있다. 비록 개인이 숭배하거나 좋아하는 위인의 행동양식을 모방하고 그와 같은 인물이 되고자 노력하는 존재이지만 이것이 개인의 자발적인 행동에서 나온다는 것이 중요하다.

반두라의 이론에 따라 우리는 여러 가지 목표를 세우고 자기계약하에 그리고 자기보상하에 목표를 성공적으로 성취할 수 있다. 이런 목표 가운데에는 과다체중 줄이기, 금연 및 금주하기, 나의 경우와 같이 저술하기 등이 있다. 독자들이 반두라가 제시하는 방법을 잘 익혀 자기 목표를 수행하면 아무 생각 없이 계획을 밀고 나가는 것보다 훨씬 효과가 좋다.

자기계약은 자기와의 약속으로만 한정할 필요가 없다. 타인, 즉 가족이나 친구를 연관시켜도 좋다. 즉, 자신의 목표달성 계획을 가족이나 친구에게 선포하고 그것을 어겼을 때 그들에게 일정액의 돈을 지불한다는 자기처벌 방식을 정하는 것도 좋은 방법이다.

09

정보의 자동처리

09

정보의 자동처리

지금까지 이 책에서 9장에 걸쳐 다룬 무의식은 비교적 간단한 무의식 과정으로서 독자들이 쉽게 이해할 수 있는 것이다. 프로이트의 본능의 세계인 무의식이나 우리의 타고난 무의식적 모방과정은 누구나 쉽게 알아차릴 수 있다. 스키너의 학습 이론이나 반두라의 사회학습 이론도 제목은 거창하지만 그 속 내용은 간단하다. 스키너는 우리가 외부로부터 보상받은 행동은 다시 일어날 가능성, 즉 학습되고 습관화될 가능성이 높음을 실험을 통해 증명했다. 반두라는 스키너 이론을 확장해 우리가 스스로 자신의 행동에 보상을 줄 수 있다는 이론을 밝혀 우리가 얼마든지 자율적으로 자기의 목표, 희망을 자율 규제할 수 있음을 증명했다.

스키너나 반두라의 학습이 과연 무의식적이냐를 의심하는 독자
가 있을 수 있다. 그런데 사실 의식과 무의식을 구분하는 것이 모
호할 때가 많다. 도박중독자가 잭팟을 기대하며 열심히 슬롯머신
을 두드리는 행위는 거의 무의식적으로 하고 그런 도박행위는 마
약에 중독되는 것처럼 자기도 모르게 중독된다. 그래서 도박중독,
마약중독은 무의식적 행동으로 간주하는 바, 이 두 중독되는 과정
은 스키너와 반두라의 '작동 조건형성 이론'으로 적절하게 설명할
수 있다. 스키너의 비둘기 실험에서 실험자가 비둘기에게 콩(강화)
을 제멋대로(즉, 무작위적으로) 주었을 때 비둘기가 구멍을 쪼는 행
위를 제일 오랫동안 했다. 그 이유는 언제 콩이 떨어질지 모르기
때문이다. 슬롯머신을 두드리는 도박꾼도 언제 잭팟이 터질 줄 모
르기 때문에 죽어라고 슬롯머신에 돈을 집어넣는 것이다. 따라서
스키너의 작동 조건형성은 거의 무의식에 가깝고 이 이론은 도박
중독의 원인을 잘 해명하고 있다.

이제 이 책의 남은 두 장에서는 앞 장에서 보지 못한 새로운 무
의식 세계를 탐험할 것이다. 그 세계는 우리 뇌에 들어오는 여러
가지 정보를 우리 자신이 통제하지 못한 상태에서 지각하고, 판단
하며, 심지어 행동까지 하는 세계다. 좀 더 자세하게 말하면 우리
뇌의 정보처리체계가 우리의 의도와는 다르게 정보처리를 하는
경우가 많다. 이를 통털어 우리는 사회정보의 자동처리라고 부르
는데 그것이 무엇인지를 다음에서 설명하기로 한다.

♀ 자동적 정보처리과정

　탐스럽게 그려진 사과의 개수를 더하고 빼는 산술공부를 오랫동안 한 아들에게 어머니가 여러 가지 과일, 예컨대 사과, 배, 감, 바나나가 든 과일 바구니를 넘겨주었을 때 그 아들은 사과에 제일 먼저 손이 간다. 이것은 그 아들이 정보를 자동적으로 처리해 의식적 · 의도적으로 다루지 않았음을 나타낸다(권준모, 이훈구, 이수정, 1998). 이렇게 우리의 행동이 의도적으로 또는 자의적으로 처리되지 않고 자동처리되는 경우가 흔하다. 다른 예를 하나 더 들어 보자.

　마셀(Marcel, 1983)이란 심리학자는 한 집단의 피험자들에게 우리 눈으로 인식할 수 없는 수준(4m/s)으로 '간호사'(nurse)라는 단어를 스크린에 비추어 주었다. 이 단어를 점화자극이라고 부른다. 피험자들은 순식간에 어떤 글자 같은 것이 스크린에 비추어졌지만 너무 짧은 시간 동안이어서 그 점화자극어가 '간호사'임을 인식할 수는 없었다. 그다음 다른 집단의 피험자들에게는 점화자극으로 '목도리'(muffler)라는 단어를 제시해 주었다. 그리고 두 집단 피험자들 모두에게 '의사'(doctor)라는 단어를 다른 방해 글자(예컨대, ppp)와 섞어 빠르게 제시해 그것이 단어인지 무의미한 글자인지를 잘 알아볼 수 없게 해 주고 그것이 단어인지의 여부를 판단하게 하였다. 그 결과 '간호사'란 단어에 점화된 첫 번째 실험집단이 '목도리'란 단어에 점화된 집단에 비해 '의사'라는 단어를 단어라고 더 빨리 판단하였다. 이 실험결과는 어떻게 설명할 수 있는가? '간호사'라는 단어는 '목도리'라는 단어보다 '의사'라는 단어와 자주 연합되어 우리 기억 속에 저장되어 있기 때문이다. 즉, 우리가 병원에 가면 의사가 있고 의사 곁에는 늘 간호사가 있는 것을 보아 왔기 때문에 두 사람 또는 두 사람을 지칭하는 단어를 서로 연결(또는 연합) 고리를 만들어 뇌에 저장해 두었다. 그 결과, 연결고리 하나가 점화되면(또는 활성화되면) 다른 연결고리가 무의식적으로 자동 정보처리된다.

마셀의 연구는 우리가 눈으로 인식할 수 없는 자극에 대한 자동 정보처리를 다루었기 때문에 과연 우리가 인식할 수 있는 자극에 대해서도 자동처리과정이 발생하는가를 알아볼 필요가 있다. 이에 관해서는 히긴스, 롤스, 그리고 존스(Higgins, Rholes, & Jones, 1977)가 연구했다. 이를 다음에서 소개해 보자.

히긴스와 그의 동료들은 학생들을 두 가지 정보처리에 관한 실험에 참여시켰다. 첫 번째 실험은 '지각과정에 관한 실험'이라고 말해 주고 스크린에 제시한 슬라이드 색깔을 보고하는 과제를 하게 하고 동시에 단어들을 암송하도록 지시했다. 한 집단의 학생들에게는 '탐험적인'(adventurous)과 관련된 단어들을 암기하도록 하고, 다른 집단의 학생들에게는 '부주의한'(reckless)과 관련된 단어들을 암기하게 하였다. 첫 번째 실험이 끝난 후 학생들은 이전의 과제와 전혀 관련 없는 실험이라고 지시한 '독해에 관한 두 번째 실험'을 받았다. 실험자는 학생들에게 도날드라는 사람에 관한 한 페이지 정도의 글을 읽게 하였다. 도날드는 암벽 등반, 급류 타기, 스카이다이빙 등 위험하지만 흥분도가 높은 여가활동을 즐기는 사람으로 묘사되었다. 학생들은 이 글을 읽고 도날드에 대한 성격 특질을 적게 하였다. 그 결과 이전 실험에서 '탐험적인'과 관련된 긍정적인 특질 단어를 암기하도록 지시받은 학생들은 도날드를 더욱 '탐험적인' '도전적인' 등 긍정적으로 평가한 반면, '부주의한'과 관련된 부정적인 특질 단어를 암기하도록 지시받은 집단은 도날드를 더욱 '부주의한' '무책임한' 등 부정적으로 평가했다. 왜 이런 상반된 결과가 나타났을까? 실험집단 1은 '탐험적인' 단어가 포함된 단어목록을 외웠으므로 이 단어가 점화(點火)효과를 일으켜 도날드에 대한 인상을 기억할 때 도날드를 '탐험적인' 사람으로 묘사한 것이다. 이 점화효과를 영어로는 프라이밍(priming)이라고 부른다. 마찬가지로 실험집단 2가 도날드란 주인공을 '부주의한' 사람으로 묘사한 원인은 그가 단어목록을 외울 때 '부주의한' 단어가 끼어 있었고 그것이 도날드를 평가할 때 점화효과를 일으켜 도날드를 '부주의한' 사람으로 인식하게 만든 것이다. 그런데 도날드에 대한 이런 점화효과는 피험자들이 의식하지 못한 가운데 발생했다. 이 실험내용이 이해하기 힘든가? 그러면 더 쉬운 예를 들어 보자.

나는 혈당치가 좀 높다. 이는 유전적인 요소도 있고 내가 저술작업을 자주 하는 데도 기인한다. 그런데 나는 단 것, 특히 초콜릿

을 좋아한다. 내가 혈당치가 높다는 사실을 잊고 미국에 있는 딸
은 내 생일에 옷도 보내고 아내 먹으라고 초콜릿을 보내온다. 아
내가 초콜릿을 먹다 거실 식탁 위에 남겨 두는 경우가 있다. 그런
데 내가 거실에서 TV를 시청할 때 발렌타인데이가 가까워 오면
초콜릿 선전을 많이 한다. '첫사랑의 맛' '달콤한 향미' 등등의 초
콜릿 찬사가 나오면 나도 모르게 손이 초콜릿으로 간다. 그래서
초콜릿을 한입 듬뿍 깨문다. 그런 후 나는 후회한다. 나의 혈당치
가 높은 것을 잊고 초콜릿을 먹은 탓이다. 그런데 어느 날 TV를 보
면 혈당이 높은 사람에 대한 경고로서 절대 초콜릿을 먹지 말라는
충고가 나온다. 초콜릿에는 우유와 설탕이 많기 때문이다. 그 이
야기를 들은 나는 식탁의 초콜릿을 외면한다. 초콜릿에 대한 나의
이런 상반된 행동은 어디서 기인하는가? 그것은 프라이밍, 즉 점
화효과 때문이다. 내가 초콜릿을 외면한 것은 초콜릿이 유제품이
고 열량이 많은 식품이란 나의 뇌 속에 기억한 내용이 점화되었기
때문이다(TV의 해설로 인해). 반대로 내가 초콜릿을 덥석 한입 먹게
된 원인은 내가 뇌 속에 저장한 '초콜릿의 달콤한 맛'이 TV 선전
에 의해 점화되었기 때문이다. 이렇게 점화는 그와 연관된 행동을
무의식적으로 촉발한다.

　나의 예는 점화효과가 행동으로도 나타남을 예시한 것인데 이
를 실험으로 증명한 바가 있다. 바지, 첸, 그리고 버로우즈(Bargh,
Chen & Burrows, 1996)는 대학생에게 언어능력을 검사한다고 말하
고 문장완성검사를 실시했다. 문장완성검사는 '철이는 지하철에

서 짐을 들고 있는 사람에게 ~을(를) 양보하였다.'와 같은 내용을 제시하고 빈칸을 채우게 하는 것이다. 이 문장완성검사를 통해 한 집단에게는 '예의 바른'(polite)과 관련된 단어를 점화시켰다. 그리고 다른 집단에게 역시 문장완성검사를 이용해 '무례한'(rude)과 관련된 단어를 점화시켰다. 그리고 과제를 마치면 같은 복도 끝에 있는 방에 있는 실험자를 찾아 실험종료를 알리도록 지시했다. 실험자는 방문을 반쯤 열어 두었고 다른 연구자와 대화하는 척 연기하고 있었으며, 학생이 과제를 끝마친 후부터 실험자에게 자신이 과제를 마쳤다고 알리는 순간까지 시간을 비밀리에 측정하였다. 이 경과시간이 '예의 바른' 행동을 나타내는 종속변인으로 사용되었다(이 실험의 경우 점화효과가 행동으로 나타나는지를 알아보는 수치). 즉, 경과시간이 길수록 실험자의 대화를 중도에 방해하지 않게 예의를 차려 더 많이 기다렸음을 나타낸다. 그 결과 '무례한' 점화조건의 대학생들의 경과시간이 '예의 바른' 점화조건의 대학생에 비해 유의미하게 짧았다. 이들 연구자는 또 다른 실험을 했다. 그 실험에서는 노인과 관련된 단어를 점화시켰으며, 종속변인으로는 실험 후 실험실에서 나와 복도로 걸어가는 시간을 측정하였다. 노인과 관련된 단어의 점화가 중립적인 단어의 점화에 비하여 걸음걸이 속도를 느리게 한다는 사실이 발견되었다.

　앞의 두 가지 실험에서 대학생들은 실험의 목적을 전혀 눈치 채지 못했다. 이 실험결과는 피험자가 자각하지 못한 활성화된(점화된) 행동표상(즉, '예의 바른' '노인' 등)이 자동적으로 행동반응에 영향을 준다는 사실을 지적한 것이다.

　바지(Bargh, 1989)는 자동처리과정을 크게 세 가지로 분류했다. 첫 번째는 전의식적인 자동처리과정(preconscious automaticity)으로서 이는 지각자 스스로가 의식하지 못하여도 만성적으로 접근 가능한(chronically accessible) 경로가 있어서 굳이 주의를 기울이지 않아도 개념들이 언제나 활성화가 가능하다는 것이다. 특정한 사회적 정보가 들어오면 그와 관련되어 만성적으로 접근 가능한 개념들이 인지적 노력을 기울여야만 처리가 되는 어떤 과정보다 더 활성화한다. 이 예로는 정서의 자동 활성화가 있다. 예컨대, 한센 부부(Hansen & Hansen, 1989)는 우리가 웃는 얼굴보다는 화난 얼굴을 더 빨리 탐색함을 실험을 통해 밝혔다. 이에 관해서는 뒤에서 자세히 설명할 것이다.

　두 번째 과정은 후의식적인 자동처리과정(postconscious auto-maticity)인데 최근 의식한 어떤 사건에 의해 후속적인 처리과정이 영향을 받게 되는 것이다. 이 예는 앞서 말한 히긴스와 그의 동료들의 '도날드'라는 가상 주인공에 관한 성격추론 실험이다. '탐험적인'이라는 성격 개념이 미리 활성화한 후에 제시되는 인물에 대한 판단이 채색된 결과가 나타난다. 이는 행동이 아닌 어떤 개념, 즉 성격추론에서 나타난 결과다. 개념상의 채색을 넘어서 행동도 채색된다. 그 예로서 바지와 그의 동료들은 두 가지 행동, 즉 '예의 바른' '노인 걸음'도 점화효과로 나타날 수 있음을 증명했다. 물론 이 점화효과는 후의식적인 자동처리과정이다.

앞의 두 가지 자동처리과정은 만성적으로 접근 가능한 개념적
틀을 가지고 있느냐 여부에 따라 발생하는 것인데 비해 세 번째 형
태의 자동처리과정은 어떤 특정한 목표를 위해 수행하는 의도적인
처리과정에서 발생하는 것이다. 바지(1989)는 이런 종류의 자동처
리과정을 목표의존적 자동처리과정(goal dependent automaticity)이
라 칭했다. 이 예는 우리가 사람의 성격을 추론할 때 행동을 보고
그의 성격을 추론하는 것이다. 즉, 사람의 행동을 보고 그 사람의
성격을 추론하는(심리학적으로 말해 귀인하는) 것도 자동처리과정
이다. 예컨대, 음식점에서 여종업원이 물 잔을 나르다 어떤 손님
에게 실수로 물을 쏟은 경우, 그 손님이 벌컥 화를 내는 때가 있다.
이때 우리는 그 손님의 성격이 불같다고 판단한다. 즉, 그의 행동
을 보고 그 사람의 성격을 거꾸로 추론하는 것이다. 그런데 이런
성격추론 또는 귀인은 자동적이지만 우리가 어떤 목적으로 (성격
판단)하는 행위다.

💡 태도의 자동처리과정

앞에서 살펴본 바와 같이 우리 뇌에는 여러 가지 정보가 저장되
어 있다. 그 저장된 기억 중 어느 정보가 점화되느냐에 따라 우리
의 회상이나 행동이 결정된다. 이것이 바로 점화효과다. 그런데
우리의 정보처리가 점화되지 않아도 자기도 모르게 자동처리되는

경우가 있다. 그것이 바로 우리가 갖고 있는 여러 가지 태도의 경우다. 파지오(Fazio, 1986)는 태도란 어떤 대상과 그에 대한 우리 평가의 연합이라고 정의하였다. 즉, 우리의 일본인에 대한 태도는 우리가 일본인이 과거에 행했던 식민정치를 포함해 위안부 문제, 일본해 표기 문제, 최근의 독도 자국 영토 주장 문제 등 여러 가지 일본인에 대한 인상과 행적을 우리가 호(好)와 불호(不好) 차원에서 평가한 내용의 합산이다. 파지오는 일본인이 우리의 시선에 들어오자마자, 일본인에 대한 평가가 기억에서 자동적으로 활성화하여 차후의 처리과정을 이끌어 간다고 주장한다. 이와 같은 처리과정은 우리 자신이 통제할 수도 없고, 자각할 수도 없으며, 노력할 필요도 없는데 그래서 자동적으로 처리되는 과정이다.

그런데 지금까지 태도측정은 이런 자동 활성화를 측정하지 않고 의식적인 차원에서 선호도를 측정했다. 예를 들면, 일본인에 관한 태도를 조사할 때 리커트 방식을 채택해서 응답자에게 일본인에 관해서 다음의 '좋다-나쁘다' 차원에서 1에서부터 5점까지 평가한다. 1점은 '나쁘다'이고 5점은 '아주 좋다'다. 그런데 이런 방법은 의식적인 방법으로 우리의 진정한 태도를 측정하지 못한다. 같은 점수, 즉 1점이라고 해도 일본인에 대한 악감정상의 개인차이는 크게 다를 수 있다. 그래서 파지오는 리커트 방식으로 일본인에 관해 태도조사를 하기보다는 일본인에 대해 '나쁘다'라는 반응을 얼마나 빨리 했는가에 대한 그 반응속도를 함께 측정해야 한다고 주장한다. 그래서 어떤 사람이 0.1초 내로 빨리 '나쁘다'라

고 반응한 경우는 '나쁘다'라고 말했지만 그 반응속도가 1초인 사
람보다 일본인에 대한 악감정이 더 강력하다고 주장한다.

　이런 태도조사 방법은 미국에서 흑인과 백인에 관한 태도를 조
사할 때도 유용하다. 미국사회에서 흑인에 대한 차별은 법적으로
엄하게 금하고 있으므로 미국인을 대상으로 리커트 방식으로 흑
인에 대한 태도를 측정하면 미국인은 자기의 진정한 태도를 나타
내지 않는다. 즉, 백인은 '흑인이 백인에 비해 열등하다거나 비양
심적이라거나 폭력적이지 않다'라고 응답하는데 이것은 의식적
수준의 태도다. 그런데 이 의식적 태도는 백인의 흑인에 대한 진
정한 태도가 아니다. 그의 흑인에 대한 감추어진 태도는 혐오적
(또는 상징적) 인종주의라고 부르며 파지오는 자동 활성화 방법을
통해 백인의 진정한 태도를 측정할 수 있었다. 그의 태도측정방법
을 소개하면 다음과 같다(Fazio et al., 1995).

　실험자는 피험자에게 '단어 의미처리에 관한 실험'이라고 설명
하고 실험은 이와는 다른 몇 가지 실험도 포함한다고 말했다. 피
험자에게 열두 개의 긍정적인 형용사(매력적인, 친근한 등)와 열두
개의 부정적인 형용사(성가신, 구역질나는 등)를 무작위로 모니터에
제시하고 가능하면 빠르고 정확하게 '좋다' 또는 '나쁘다'의 단추
를 누르게 했다(키보드의 오른쪽 키는 '좋다'로, 왼쪽 키는 '나쁘다'로
간주하게 함). 각 단어들은 두 번씩 제시했으며 피험자의 개인의 기
저 반응시간(base line response time)이 기록되었다. 이어서 다음 실
험에 들어갔는데 이 실험은 사람의 얼굴에 대한 기억과 탐지에 관

한 실험이라고 설명했다. 먼저 열여섯 개의 흑인과 백인의 사진이 화면에 제시되었고 이를 암기하라고 지시했다. 그 후 사진에 대한 재인(recognition)검사, 즉 제시된 사진이 전에 본 사진인가의 여부를 판단했다. 마지막으로 반응시간을 측정하는 과제를 했는 바 앞의 두 과제를 합친 방식으로 했다. 먼저 얼굴 사진에 대한 학습과 동시에 빠르게 형용사의 긍정 또는 부정 판단을 내리는 것이다. 이를 토대로 피험자의 흑인과 백인에 대한 태도측정치를 산출했는데 그것은 다음과 같다. 제시된 형용사에 대한 긍정 또는 부정 판단 반응시간과 첫 번째 과제에서 판단한 동일한 형용사에 대한 반응시간(기저 반응시간)과의 차이를 구한 것이다. 그래서 이 차이를 통해 반응시간이 촉진되었는지 아니면 억제되었는지를 판단했다. 실험결과를 보면 백인 피험자들은 흑인 사진이 제시되면 긍정적인 형용사의 판단은 억제효과를, 반대로 부정적인 형용사의 판단은 촉진효과를 나타냈다. 물론 흑인 피험자의 경우는 이와 반대의 결과를 나타냈다. 백인 피험자들에게 흑인 사진이 제시되고 긍정적인 형용사의 긍정성 여부를 판단하는 데는 시간이 걸리고 부정적인 형용사의 판단은 빠르게 한다는 사실은 백인이 흑인을 부정적으로 보고 있다는 증거가 된다.

김범준(1997)은 파지오의 실험 방법을 변형하여 연세대생과 고려대생을 대상으로 형용사의 긍정성 여부를 판단하게 하고 그 반응시간을 측정했는데 파지오의 실험과 동일한 결과를 얻었다. 즉, 연대생은 고대생과 관련된 긍정적 단어의 긍정성의 판단 시간은 억제된 반면, 부정적 단어에 대한 판단은 촉진되었다. 고대생은 이와 반대의 결과를 보였다. 따라서 태도를 자동 활성화 방식으로 측정하는 방법은 동서양을 통해서 모두 가능하다는 사실이 밝혀졌다.

앞의 실험은 태도 역시 자동처리된다는 사실을 보여 주고 있다. 태도에 비해 상대적으로 더 복잡한 신념(信念)의 덩어리로 구성된 고정관념의 경우 역시 어떤 신념이 점화되는가에 따라 우리의 지각, 판단, 그리고 후속적인 행동을 전혀 다른 방향으로 촉발시킬 수 있다. 예컨대, '융통성 없는 성격'이 먼저 점화되는 경우 우리는 대학교수 집단에 대해 부정적인 평가를 내리게 되지만 '학문적 호기심'이 점화되는 경우에는 동일한 교수 집단에 대해 긍정적인 판단을 내리게 된다. 이러한 사실을 토대로 우리는 자동처리과정에 관한 심층적인 연구야말로 고정관념이나 편견이 어떤 경로를 통해 발전해 가며 교정하기가 왜 그렇게 힘든지, 나아가 어느 부분의 연결고리를 끊어야 교정이 가능한지를 설명할 수 있다.

💡 정서의 자동처리과정

최근 심리학의 정서에 관한 이론은 크게 세 가지로 압축되었다(이훈구, 이수정, 이은정, 박수애, 2005). 첫째, 에크먼(Ekman)의 유전론으로서 정서표현은 선천적이라는 입장이다. 즉, 공포, 두려움, 화를 내는 얼굴표정은 인종과 민족 간에 차이가 없다. 심지어 인

간과 동물도 유사한 얼굴표정을 짓는다. 둘째, 라자루스(Lazarus)
가 이끄는 인지 이론으로서 정서는 인지적 판단이라는 것인데 우
리가 친구의 부음(訃音)을 듣고 우는 것이 그 예가 된다. 셋째, 레
빈슨(Levenson)이 대표하는 생리 이론으로 정서를 신체적 반응과
뇌 및 생화학적 반응으로 보는 견해다. 즉, 우리는 공포를 신체적
변화, 예컨대 가슴이 두근거리고 혈압이 상승하며 머리끝이 쭈뼛
하는 것을 통해 경험한다. 그런데 이런 정서가 자동처리된다는 주
장이 최근 사회심리학계에서 널리 퍼지고 있다.

　앞의 1절에서 정서의 자동처리에 관한 한센 부부(Hansen &
Hansen, 1989)의 얼굴표정 연구를 간단하게 설명한 바 있다. 여기
서 이 연구를 좀 더 자세하게 설명해 보자. 한센 부부는 피험자들
에게 여러 사람의 사진을 보여 주고 어떤 얼굴표정을 더 빨리 찾
아내는가를 조사했다. 그 결과, 피험자들은 웃는 얼굴보다 화난
얼굴을 일관성 있게 더 빨리 탐지해 낸다는 사실을 밝혀냈다. 더
불어 제시된 얼굴이 몇 개냐에 따라 웃는 얼굴을 탐지해 내는 속
도는 민감하게 영향을 받았지만 화난 얼굴에 대한 탐지 속도는 영
향을 받지 않았다. 이 결과는 화난 얼굴에 대해서는 피험자들이
굳이 많은 주의를 기울이지 않고도 비교적 빨리 반응하며 방해자
극이 늘어나는 경우에도 이런 빠른 반응은 전혀 영향을 받지 않는
다는 사실을 보여 준다. 즉, 한센 부부는 우리의 얼굴 정서의 처리
과정이 자동적으로 발생한다고 주장하였다. 왜 화난 얼굴을 웃는
얼굴보다 더 빨리 지각하는가? 화난 얼굴은 현재 내가 처한 상황

이 위험한 것이고 상대방이 나를 공격할 수 있다는 경고를 주기 때문이다. 이런 사전경고 인식은 생존 가치가 있기 때문에 우리가 학습해서 얻은 것이 아니고 선천적으로 타고난 것이다.

인간의 얼굴표정 지각은 다른 시(視)지각에 비해 단순한 지각이다. 앞의 결과는 얼굴표정, 즉 얼굴의 어떤 정서가 우리 뇌에 자동적으로 스며든다는 사실을 시사하고 있다. 그런데 보다 복잡한 정서의 경우에도 자동처리가 나타날까? 이 문제를 다음에서 다루어 보기로 하자.

바우어(Bower, 1991)는 그의 인지적 연결망(고리) 모델을 정서의 처리과정까지 확장하여 특정 정서와 관련된 외부 사건이나 과거 경험 또는 특정한 생리적 패턴은 서로 가까이 연결되어 있어 이중 하나의 연결고리가 각성하게 되면 그 영향력이 주위의 연결망을 통해 퍼져 나간다고 주장했다. 또한 이러한 활성화 상태는 후속적으로 입력되는 정보의 처리에 영향을 미친다고 가정했다. 그는 이를 토대로 '정서합치효과'(emotion congruence effect)란 가설을 제안하였는데 이 가설은 특정 정서가 일단 점화되면 그 정서가(情緒價)와 일치하는 정보가 더욱 접근 용이해지며 따라서 그러한 정보에 더 많은 정보를 주의를 기울이게 된다는 것이다. 한 예를 들어 보자. 우리는 2014년 3월 초 한국의 월드컵팀이 FIFA 랭킹 세계 12위인 스위스와 가진 브라질 월드컵을 위한 친선경기에서 스위스를 2대 0으로 완파한 경기를 관람한 후에는 자기가 지금 행복하다고 느낀다. 반대로 우리가 스위스팀 이전에 별 볼일 없는 팀

과의 친선게임에서 연패했을 때는 자기가 지금 불행하다고 느낀
다. 이것은 저자의 가설이 아니고 어떤 심리학자가 자국의 축구시
합 후 자국민을 대상으로 조사한 연구 결과다. 물론 여러 심리학
자들이 '정서합치효과' 가설을 지지하는 연구 결과를 발표했다.
즉, 실험 전에 실험자가 준 강화(이 실험과는 무관한 내용의 강화)로
긍정적인 기분이 유발된 피험자들은 후속적으로 주어지는 목표
인물에 대해 부정적인 속성들을 잘 인식하지 못했으며, 반대로 동
일한 대상인물에 대해서 제시되지도 않았던 긍정적인 속성을 더
많이 확인했다고 보고 했다. 반면, 이 실험 이전에 부정적인 기분
이 유발된 경우에는 목표인물이 부정적인 속성들을 더 많이 지니
고 있다고 보고했다(Blaney, 1986; Isen, 1987).

앞의 한센 부부의 얼굴표정 연구는 의식적인 수준에서 정서자
극의 자동처리과정을 다룬 것인데 다음에 소개하는 머피와 자용
(Murphy & Jajonc, 1995)은 자각이 전혀 없는 경우에도 자극의 정서
가(情緖價)가 처리될 수 있음을 보여 주고 있다. 그들은 '정서 우선
성 가설'(affective primary hypothesis)을 제시하면서 전혀 의식할 수
없는 상태로 정서자극(얼굴표정)이 주어지는 경우에도 그로 인한
정서가가 후속적인 판단과제에 영향을 미칠 수 있음을 증명하였
다. 그들은 웃는 얼굴과 찡그린 얼굴을 4m/s라는 아주 짧은 시간
동안 제시하고 뒤이어 중립적인 한자(漢字)에 대한 호감도를 측정
하여 본 결과, 얼굴표정의 정서가가 후속적인 판단에 강력한 동화
효과를 줌을 발견했다. 즉, 점화자극으로 웃는 얼굴을 제시받았던

피험자들은 후속적으로 주어진 낯선 한자에 대해서 점화자극이 주어지지 않았던 조건의 피험자보다 더 높은 호감도를 보고하였다. 반면, 찡그린 얼굴이 점화된 경우에는 얼굴의 정서가와 일치하는 방향으로 후속적으로 주어진 한자에 대해서 더 부정적인 판단을 내렸다. 이수정(1999) 역시 피험자가 자각할 수 없도록 빨리 제시된 정서자극(예컨대, 처참한 교통사고 현장의 사진)은 후에 제시된 한자에 대한 호감도 평가에 영향을 줌을 밝혔다.

이 장의 연구 결과는 심리학자뿐만 아니라 일반인에게도 충격적이다. 즉, 지금까지 우리 모두는 우리가 행동의 주체이고 따라서 우리의 인식, 태도, 정서, 행동 등은 우리가 이를 느끼고, 판단하고, 결정하는 것으로 간주해 왔다. 그러나 우리의 지각부터 우리의 통제가 가해지지 않는다는 것을 알게 되었다. 즉, 우리는 무의식적으로 웃는 얼굴보다 화난 얼굴에 보다 더 주의집중을 한다. 더불어 우리의 태도와 행동은 우리 뇌에 저장된 어떤 정보가 활성화되고 점화되느냐에 따라 무의식적으로 자동처리된다는 사실을 알게 되었다. '예의 바른' '노인'의 개념을 표상해 놓으면 우리는 자동적으로 예의 바르게 그리고 노인처럼 행동한다.

이런 결과는 우리의 인간 이해에 관한 새로운 틀, 즉 새로운 패러다임을 제시하는 것인 바 우리가 지금까지 무시해 왔던 인간의 자동 정보처리과정을 본격적으로 연구해야 함을 강조하는 것이다. 더불어 이 장을 통해 다시 한 번 우리의 무의식 세계가 지금까지 우리가 생각한 것보다 확실히 더 넓다는 것을 인식하게 된다.

정보의 자동처리 이론은 기존의 사회심리학의 문제점을 해결할 수 있는 장점이 있다. 한 예를 들자면, 기존 연구에서 태도와 행동 간의 상관이 너무 낮아 많은 사회심리학자가 태도를 더 이상 연구할 필요가 있는가 하는 의구심을 제기해 왔다. 파지오는 태도의 이러한 모순이 기존의 태도조사 방법이 의식적 수준에서 다루었고 진정한 태도를 측정하지 못했기 때문이라고 주장하였다. 그리고 이를 해결하는 한 방법으로 응답자의 태도 대상에 대한 반응속도를 측정할 것을 제안했다. 이 방법으로 사회심리학자들은 미국의 흑인에 대한 진솔한 태도, 연세대학교 학생과 고려대학교 학생의 자기 학교 및 상대방 학교 학생에 대한 적나라한 태도를 측정할 수 있었다.

이 장에서는 정보의 자동처리가 발생하는 상황, 특징, 그리고 세 가지 유형의 자동처리 방식을 중심으로 설명하였다. 다음 장에서는 정보의 자동처리 이론이 심리학과 우리 실생활에 시사하는 바를 살펴보고자 한다.

10

정보의 자동처리
이론의 시사

10
정보의 자동처리 이론의 시사

앞에서 설명한 바와 같이 정보의 자동처리 이론은 인간의 또 다른 무의식 세계를 열어 주었다. 프로이트의 무의식 세계란 본능의 세계이며 스키너와 반두라의 세계는 강화의 세계다. 그리고 자동처리 이론의 세계는 지식구조의 자동 활성화가 지배하는 세계다. 즉, 우리 뇌에 의사-간호사와 같이 만성적으로 연결고리가 되어 있는 개념은 한 고리가 점화되면(예컨대, 의사) 자동적으로 다른 고리(예컨대, 간호사)가 회상되어 자동처리된다.

이 장에서는 자동처리 이론이 심리학에 무엇을 시사하는가를 살펴보기로 한다. 이를 위해 먼저 정보처리가 자동으로 진행하지 않은 상황을 살펴 정보처리의 자동화가 생기는 조건을 보다 더 상세히 검토하기로 한다. 그리고 앞 장에서 다루지 못했던 새로운 영역의 자동처리 연구를 살펴 우리 뇌의 정보처리 기능을 보다 더 자세히 점검해 보기로 한다.

💡 정보의 자동처리가 일어나지 않은 상황

저자는 앞에서 우리가 사람의 행동을 통해 그 사람의 성격을 귀인하는 것도 자동처리되는 것이라고 말했다. 그 예로서 여종업원이 손님의 옷에 물잔을 엎질러 그가 화를 낸 경우, 우리는 그 손님의 성격이 '불같다'라고 귀인한다는 것을 들었다. 그러나 본래 손님의 성격은 불같지 않을 수 있다. 아침에 상사로부터 꾸중을 듣는 등의 불쾌한 사건 때문에 자기의 분노를 여종업원에게 덤터기 씌운 것이다. 즉, 우리의 행동은 자신의 성격에서 유발되기도 하지만 환경도 우리 행동에 영향을 준다. 그런데 왜 우리는 '행동= 성격'이라고 자동처리하는가? 그것은 어떤 사람이 한 행동은 눈으로 볼 수 있고 또 그 행동이 그 사람으로부터 나왔기 때문이다. 반면에 우리는 그 사람의 불친절한 행동에 영향을 준 외부 환경 요인을 눈으로 볼 수 없기 때문에 이것이 있다는 것을 감안하지 않는다.

만약 우리가 정보처리에 조금만 관심을 가지면 우리의 이런 자동처리로 인한 잘못된 귀인은 수정될 수 있다. 예컨대, 여러분이 주민센터에 가서 주민등록증을 새로 교부받으려 할 때 주민센터 직원이 불친절했다고 가정해 보자. 그러면 여러분은 정보를 자동처리하여 그 직원이 불친절하다고 결론 짓는다(성격귀인). 그런데 여러분이 주민등록증을 교부받기 위해 기다리는 동안 수없이 많은 사람들이 찾아와 그녀에게 묻고 또 묻는 현장을 목격하게 되면 여러분의 그 직원에 대한 성격귀인이 달라진다. 그녀는 본래 불친절한 사람이 아니다. 하루에도 수십 명이 주민등록증을 발급받고자 그녀를 괴롭히니 나라도 짜증이 날 것이다. 그녀의 하는 일이 그녀를 불친절하게 만들었다. 이렇게 여러분은 정보의 자동처리를 수정할 것이다.

　우리가 사람을 한 번 보고 즉시 성격을 귀인하는 것에 관한 심리학 연구 결과는 전통적인 귀인 이론가들이 주장하는 바와 같이 귀인과정이 심사숙고한 의식적인 처리가 아님을 증명한다. 오히려 성격귀인과정 역시 자동적 처리임을 확인해 주고 있다. 다만 자동적 성격추리는 상황적 정보가 제공되면 수정을 가하여 의식적인 정보처리를 하게 된다.

　심리학자는 더불어 자동적 처리가 아닌 의도적 · 자율적 정보처리가 발생하는 경우는 어떤 때인가를 연구한 바 있다. 이제 다음에서 그런 연구들을 소개한다. 이런 연구를 소개하는 이유는 우리 뇌의 정보처리과정을 보다 더 자세히 검토하기 위해서다.

성격귀인 수정 예

길버트, 펠햄, 그리고 크룰(Gilbert, Pelham, & Krull, 1988)은 피험
자들에게 표적인물인 젊은 여자가 낯선 사람과 대화를 나누는 비
디오를 보여 주었다. 비디오에 나온 여자는 손톱을 물어뜯거나,
손가락을 두드리고, 머리를 쓰다듬는 등 초조하고 불안한 모습을
보였다. 피험자들은 사생활 침해라는 이유로 대화의 내용은 듣지
못했으나, 어떤 주제로 대화를 하는지는 알 수 있었다. 실험자는
한 집단의 피험자에게는 그 여자가 일상적인 주제(예컨대, 세계여
행)에 관하여 대화하고 있다고 알려 주었고, 다른 집단의 피험자
에게는 예민한 주제(예컨대, 성적 공상)에 관하여 대화하고 있다고
말해 주었다.

예민한 주제에 관하여 대화하고 있다는 상황적인 정보는 표적
인물의 불안한 행동에 대한 성격귀인을 수정해 줄 것이다. 즉, 모
든 피험자들은 여자의 불안한 행동에 대해 성격귀인을 하지만, 예
민한 주제에 관하여 대화하고 있다는 정보가 주어진 집단은 수정
과정을 통해서 성격귀인을 감소시킬 것이다. 또한 이 과정에서 인
지적 용량이 제한된다면, 즉 우리가 어떤 처리할 일 때문에 바쁘
다면, 자동적 처리과정인 성격귀인은 영향을 받지 않겠지만, 의식
적 처리과정인 수정 행동은 영향을 받을 것이다. 이를 검증하기
위해 한 집단의 피험자들은 비디오를 시청하는 동안 단어를 암송
하는 과제를 추가로 수행하였다.

그 결과 통제집단(인지적 용량의 제한을 받지 않는 집단)에서는 예민한 주제에 관하여 대화하고 있다고 알려 주었을 때 성격귀인하는 피험자가 적게 나타났으나, 이에 반해 인지적으로 용량이 제한된 집단은 대화의 주제에 따라서 성격귀인하는 정도에 차이가 없었다. 이 결과는 우리가 인지적으로 바쁘면 예민한 주제에 관해 대화하고 있는 상황이라고 해도 성격귀인을 수정하는 의식적 작업을 하지 못한다는 것을 보여 준다. 즉, 우리가 바쁘지 않으면 자동처리를 수정할 상황에서 자동처리를 수정하지만 어떤 일로 바쁘게 되면 자동처리를 수정해야 할 상황에서도 자동처리하게 된다.

앞의 연구 결과는 우리 뇌가 어떤 방식으로 정보를 처리하는지에 관해 재미있는 사실을 보여 준다. 우리 뇌는 우리가 특별히 주목하지 않아도 되는 정보에 관해서는 자동처리한다(앞의 실험에서 일상적인 대화의 경우). 그러나 그 정보처리가 중요하거나 우리가 유심히 관찰해야 할 것(앞의 실험에서 성적 공상에 관한 대화의 경우)이라면 우리는 심사숙고해 처리한다. 이런 해석은 설득에 관한 페티와 카시오포(Petty & Cacioppo, 1981)의 '정교화 가능성 모델'(elaboration likelihood model)과 맥을 같이한다. 페티와 카시오포는 정보수신자가 자기들에게 주어지는 메시지를 모두 다 주의 깊게 주목하여 처리하지 않는다고 주장한다. 그 메시지가 수신자에게 중요한 메시지라면 그 메시지는 정교하게 다루어지나 그렇지 않은 메시지는 건성건성 또는 자동처리된다고 주장했다. 그래서 그들은 정보처리가 두 가지 통로를 통해 전달된다고 보는데, 중요한 메시지 그래서 주의를 요하는 메시지는 '중추 통로'(central route)를 통해서 정보가 처리되는 반면, 중요하지 않은 메시지는 '주변 통로'(peripheral route)를 통해서 처리된다. 중추 통로에서는 메시지의 논쟁점, 문제점, 중요성과 같은 것을 꼼꼼히 따져 본다. 반면, 주변 통로에서는 메시지에 대해 자동처리를 한다.

예컨대, 메시지가 전문가의 견해라고 말하면 수신자는 그것을 액면 그대로 받아들이고 그 내용을 꼼꼼히 따져 보지 않고 자동처리한다. 그러나 퇴행성관절염 환자에게 무릎 수술에 관한 설득 메시지를 제공하는 경우는 그것이 비록 전문가의 말이라고 해도 그 수술의 성과와 부작용에 관한 자세한 내용이 담겨져 있는지를 자세히 살펴본다. 왜냐하면 그 설득 메시지는 퇴행성관절염 환자에게 무릎 수술을 받아야 할지 말아야 할지를 결정하는 중요한 내용이기 때문이다.

점화효과가 발생하지 않는 경우

점화효과가 발생하려면 피험자들이 자기가 점화되었다는 사실을 몰라야 한다. 예컨대, 우리는 9장에서 정서가 점화효과를 일으켜 자동처리된다는 것을 살펴보았다. 즉, 머피와 자용(Murphy & Jajonc, 1995)는 피험자에게 웃는 얼굴을 4m/s로 제시해 주고 그다음 낯모를 한자에 대한 호감도를 측정하였다. 그런데 얼굴을 4m/s로 제시해 주는 것은 자극제시 시간이 너무 빨라 우리가 그것이 웃는 얼굴인지 또는 일종의 어떤 그림인지를 자세히 분간하지 못한다. 즉, 피험자가 점화된 사실을 인식하지 못한다. 그러면 웃는 얼굴에 점화된 피험자는 다음에 제시된 한자(漢字)를 호의적으로 평가한다. 즉, 점화효과가 발생한 것이다. 그런데 만일 피험자에게 웃는 얼굴을 1초 이상 제시해 주고 다음에 한자를 보여 주면 피험자는 더 이상 다음에 제시되는 한자를 호의적으로 평가하지 않는다.

이렇게 점화효과를 검증한 모든 실험에서는 피험자들이 자신이 어떤 것에 점화되었다는 사실을 몰라야 한다. 그러면 점화효과가 발생해 점화된 연결고리나 표상이 우리의 정서, 태도, 그리고 행동에 영향을 준다. 어떤 학자들은 점화효과를 동화효과(assimilation effect)라고 칭하는데 그 이유는 점화된 범주가 접근 용이성이 높아지게 되고 그 결과 그와 유사한 범주로 입력 자료를 판단하기 때문이다(Petty & Wegner, 1993).

그런데 피험자에게 점화되었다는 것을 말로 알려 주거나 또는 앞에서 예로 든 것처럼 점화자극(예컨대, 웃는 얼굴)을 피험자가 인식하도록 충분한 시간 동안 제시하면 점화효과가 사라진다. 맑게 개인 날은 흐린 날에 비해 우리 기분이 상쾌해진다. 그래서 맑게 개인 날, 지나가는 사람들에게 "당신은 지금 행복합니까?" 하고 물으면 대부분이 "그렇습니다."라고 답한다. 그런 다음에 "오늘 날씨가 화창하지요!" 하고 다시 묻고 그 사람에게 자신의 현재 기분상태를 물으면 사람들은 먼저 답한 것을 수정해 보고한다. 왜 자신의 먼젓번 대답을 수정하는가? 그들은 자기의 현재 기분이 날씨에 의해 영향을 받았다는 사실을 깨달았기 때문이다.

페티와 웨그너(Petty & Wegner, 1993)는 피험자에게 점화자극을 의식하게 하면 피험자의 수정과정이 일어나 점화효과가 발생하지 않고 대비효과(즉, 반대로 판단하는 것)가 나타난다고 주장한다. 사람들이 점화사건을 의식하면 자신의 지각이나 판단에 영향을 주는 방향을 인식하고 이를 기초로 지각의 수정과정이 일어난다는 것이다. 즉, 피험자들은 사전 점화사건의 영향을 배제하려는 방향으로 의식적 처리를 한다. 그러나 의식적 처리가 자동적 처리의 영향력을 억제하기 위해서는 동기와 인지적 용량이 필요하다.

마틴, 세타, 그리고 크렐리아(Martin, Seta, & Crelia, 1990)는 점화사건을 의식할 수 있는 조건에서 피험자들에게 그들의 응답이 다른 피험자들의 응답과 합쳐 평균으로 처리될 것이라고 지시함으로서 피험자들의 정확성 동기를 저하시켰다. 이 경우에는 의식적 처리과정이 개입되지 못하여 의식적 점화조건임에도 불구하고 점화사건의 자동처리가 발생했다. 이러한 현상은 인지적 욕구(need for cognition)가 낮은 집단에서도 똑같이 나타났다. 더불어 포드와 크루글랜스키(Ford & Kruglanski, 1994)는 인식론적 동기(epistemic motivation)의 개인차에 따라 범주 사용에 차이가 난다는 결과를 얻었다. 이는 의식적 처리가 자동적 처리를 지배하기 위해서는 동기적 요소 외에도 인지적 처리 용량이 필요함을 시사하는 것이다. 마틴과 그의 동료들(Martin et al., 1990)은 피험자들에게 특질(성격

특질, 예컨대 '성급한' 등) 범주를 자동적으로 활성화한 후 사람의 인상을 판단하는 과제를 시키고 동시에 다른 인지적 용량이 소요되는 과제를 병행했을 경우, 점화사건이 의식된 조건에서 의식적 처리에 의한 수정과정이 나타나지 않는다는 사실을 발견했다.

결론적으로 피험자가 자신이 점화되었다는 것을 알게 되면 점화효과(동화효과)는 발생하지 않고 반대로 대비효과(즉, 반대로 판단하는 것, 또는 비동화 효과)가 발생한다. 우리가 자신의 판단을 수정하려는 욕구 때문이다. 그러나 여기에는 조건이 붙는다. 비록 피험자가 자신이 점화되었다는 것을 알았다 치더라도 어떤 과제에 바쁘거나(즉, 인지적 용량이 부족하거나), 수정하려는 동기가 부족한 경우 의식적 처리에 의한 수정과정이 나타나지 않는다. 이 말은 의식적 정보처리라는 것이 상당히 제한되어 있는 반면, 자동처리는 반대로 비일비재하다는 것을 시사한다.

♀ 흰 곰

여러분은 어떤 엄숙한 자리에서 음란한 말로 크게 소리치고 싶은 충동을 느끼고 이를 참느라고 무진 애를 쓴 적이 있는가? 예컨대, 성당에 가 미사를 보고 있는 중이거나 돌아가신 분을 조문하려 상가(喪家)에 갔는데 갑자기 쌍스런 욕을 내뱉고 싶은 충동을 느낀다. '이를 입 밖으로 내뱉으면 큰일 나는데' 하고 이를 억제하느라고 진땀을 흘린다. 왜 이런 현상이 발생하는가? 이런 경우를 심리학적으로 아이러닉 현상이라고 칭한다.

웨그너(Wegner, 1994)라는 사회심리학자가 대학생을 대상으로 재미있는 실험을 했다. 그는 학생들에게 간단한 실험이라고 설명하면서 실험 중에 흰 곰을 머릿속에서 생각하지 말라고 지시했다. 대부분의 학생들은 이 지시를 쉽게 따랐다. 그러나 흰 곰을 생각하지 말라는 요구와 함께 인지적 용량을 차지하는 과제를 주었을 때 학생들은 아이러니하게 흰 곰을 더 많이 머릿속에 떠올린다는 사실을 발견하였다. 이 연구 결과를 토대로 그는 우리의 사고(思考)가 두 가지 과정을 통해 이루어진다고 가정하였다. 원하지 않는 생각을 떠올리지 않으려면, 먼저 원하지 않는 사고가 머릿속에 존재하는지를 탐색하는 과정이 있게 되고 그다음 만약 존재한다면 이를 의식적으로 제거하는 과정이 진행되어야 한다(예컨대, 의식적으로 다른 내용을 생각하는 과정). 원하지 않는 사고를 탐색하는 과정은 처리용량이 필요하지 않은 자동적 처리과정인 데 반해, 이를 제거하는 과정은 처리용량이 필요한 의식적 처리과정이다. 그러므로 인지적 용량이 요구되는 과제(예컨대, 숫자의 덧셈이나 뺄셈작업)를 흰 곰을 생각하지 말라는 지시와 함께 부여하면, 흰 곰이 머릿속에 있는지를 탐색하는 자동적 처리과정은 계속적으로 진행되는 반면, 흰 곰을 머리에 떠올리지 않게 하는 의식적 처리과정은 장애를 받게 되어 오히려 흰 곰을 더 자주 머리에 떠올리게 된다. 그래서 흰 곰을 생각하지 않으려는 시도가 아이러니하게도 흰 곰을 더 떠오르게 만든다.

앞의 상가의 예로 되돌아가 보자. 여러분이 예의를 차려야 하는 곳에서 쌍스러운 말을 하게 될까 봐 전전긍긍하는 현상은 여러분이 지금 어떤 골치 아픈 문제로 그쪽에 정신을 쏟고 있기 때문이다. 그래서 먼저 여러분은 쌍스러운 말이 머릿속에 있는지를 검사하는데 이 검사는 자동처리되는 반면, 이것을 제거하는 의식적 처리과정은 여러분의 골치 아픈 생각 때문에 장애를 받고 있다. 그래서 자기도 모르게 쌍스러운 소리를 머리에 자주 떠올리고 이를 외치고 싶게 된다.

앤스필드와 웨그너(Ansfield & Wegner, 1996)는 아이러닉 처리모델을 일종의 자동적인 행동으로 간주했다. 고전적인 체브러이트(Chevreuit)의 착시에서 사람들에게 무게 추에 실을 매달아 지면에서 일정 간격을 두고 흔들리지 않게 들고 있도록 지시한다. 이때 무게 추는 흔들리게 되며, 그것도 흔들리지 않도록 지시받은 바로 그 방향으로 움직이게 된다. 연구자들은 이를 아이러닉 처리과정으로 설명하였다. 좀 더 자세히 말한다면, 일정 방향으로 움직이지 않게 하려는 사고 자체가 자동적으로 활성화되어, 오히려 그 방향으로 근육의 힘을 일으키는 아이러니한 결과를 초래한다.

웨그너의 아이러닉 처리모델 이론은 우리 뇌가 이중 정보처리과정을 갖는다는 것인데 이는 자동적 처리과정과 의식적 처리과정이 존재한다는 것을 시사한다. 그러나 웨그너가 말하는 이중 처리과정은 점화효과를 연구한 연구자들의 주장, 즉 자동적 처리와

의식적 처리의 두 과정과는 약간 차이가 있다. 웨그너의 아이러닉 현상은 뇌가 수행해야 할 어떤 임무(웨그너의 흰 곰 실험에서 흰 곰을 머리에 떠올리지 말아야 할 임무)를 제대로 하고 있는지의 여부를 검사하는 과정이 바로 의식적 과정이다. 그에 비해 점화효과 연구에서 나온 의식적 처리는 점화되었다는 사실을 의식하고 우리 뇌가 이를 수정하려는 활동이다. 그러나 큰 맥락에서 본다면 웨그너의 아이러닉 이론과 점화효과 이론 등 두 이론은 뇌의 이중 처리 모델을 지지한다는 점에서 같다고 말할 수 있다.

⑨ 자동처리 이론의 심리학적 시사

바지와 그의 동료들(Bargh et al., 1996)이 피험자에게 '예의 바른'과 '노인'을 점화시켜 피험자들이 이를 행동으로 표현한 것은 우리가 모방행동을 하는 것과 유사하다. 모방행동은 지각된 행동과 실행된 행동이 동일한 표상을 공유하기 때문에 가능한 것이다. 즉, '지각—행동'의 연결고리가 우리 뇌에 표상되어 있다. 마찬가지로 바지의 실험에서 피험자들이 예의 바른 행동과 노인 행동을 하게 된 이유는 '예의 바른' 그리고 '노인'이란 개념과 그에 걸맞는 행동 간의 연결고리가 있는데 한 고리가 점화되었기 때문에 다른 고리, 즉 행동이 촉발된 것이다. 더 구체적으로 카버와 그의 동료들(Carver, Ganellen, Froming, & Chambers, 1983)은 행동도식 모델

(behavioral scheme model)을 통해 동일한 유형의 행동에 대한 지각과 행동의 표상은 공통적인 요소를 많이 지니고 있으며, 그로 인해 강하게 연결되어 있다고 주장한다. 그러므로 다른 사람의 관대한 행동을 지각하면, 자신의 행동에 대한 표상이 활성화되어 접근이 용이해지고, 상황이 허락한다면 그 행동을 일으킬 가능성이 높아진다. 또한 생크와 아벨슨(Schank & Abelson, 1977)도 그들의 스크립트 이론(script theory)에서 연속된 행동을 이해하고 실행하는 데 동일한 인지적 구조가 사용된다고 주장하였다(앞에서 언급한 '스크립트 기억'을 참고할 것).

버코비츠(Berkowitz, 1984)는 단순한 폭력적 자극의 제시가 폭력적 사고와 정서뿐만 아니라 폭력적 행동까지 확산되어 활성화시킬 것이라고 주장하였다. 저자는 이은석의 부모 살해 사건을 소개하면서 이은석이 부모를 죽인 후 사지를 절단하는 작업을 하면서 눈 하나 깜짝이지 않아서 자기도 놀랐다는 이야기를 했다. 그가 평소 파리 한 마리 죽이지 못하는 나약한 성격이면서도 이런 끔찍한 살인 사건을 저지르고 태연자약할 수 있었던 것은 그가 〈8mm〉 등과 같은 폭력영화와 스타크래프트와 같은 폭력게임에 중독되어 있었기 때문이다. 이런 폭력미디어의 잔혹한 살인 및 폭력방법은 이은석의 뇌에 저장되어 있고 어떤 자극 단서(이은석의 경우 그가 숨겨 둔 망치)에 의해 어떤 순간에 자기도 모르게 폭력적 사고와 정서 그리고 행동이 촉발된다.

결국 정보의 자동처리 이론은 기존의 모방 이론, 파블로프의 조건형성 이론과 맥을 같이한다. 모방 이론에 관해서는 앞에서 이미 자세히 언급했기에 이를 제외하고 파블로프 이론과의 유사점을 살펴보기로 하자. 파블로프는 개가 종소리에 조건형성된 결과는 뇌에 '종소리=먹이'라는 두 개념이 강하게 연합되어 있다는 것을 의미한다고 주장했다. 그래서 종소리가 울리면 개의 뇌 속에 먹이가 자동 활성화하여 타액반응을 하게 된다는 것이다. 파블로프의 이런 해석은 정보의 자동처리 이론에서 말하는 점화자극과 이와 의미론적으로 연결된 연합망의 활성화와 비슷한 것이다.

요약한다면 자동 정보처리 이론은 우리의 정서, 태도, 그리고 심지어 행동까지도 무의식적으로 점화되어 나타난다는 것을 시사한다. 지금까지 우리가 의식하에 그리고 자율적으로 행동하는 것으로 알고 있는 여러 가지 우리의 행동이 사실은 점화효과에 의해 무의식적으로 행한 것이라는 아주 놀라운 사실을 보여 주고 있다.

이런 사실은 인간이 목적을 갖고 자기 의지로 자유롭게 행하는 존재라는 인본주의 심리학에 역행(逆行)하는 것이다. 프로이트는 인간이 성적 욕망과 공격성 본능을 가진 동물 그 이상도 그 이하도 아니라고 설파함으로써 인간을 욕구충족에 사로잡힌 동물로 격하시켰다. 더불어 파블로프의 조건형성 이론, 그리고 스키너의 작동 조건형성 이론도 인간을 외부에 주어진 강화에 의해 조건형성되는 피동적 존재로 간주했다. 그러나 우리 모두는 자신이 목표를 갖고 미래를 설계하며 자기 희망에 따라 자율적으로 움직인다는 사실을 잘 알고 있다. 그래서 스키너가 인간의 자율성과 목적

의식을 무시했음을 지적하여 반행동주의인 인본주의 그리고 최근
에는 인지주의가 태동했다. 인본주의는 우리가 의사결정권을 갖
고 있는 자율적인 존재임을 강조했고 인지주의는 우리의 의식적
정보처리에 그 중심을 두었다.

  그런데 자동 정보처리 이론은 다시 과거의 패러다임으로 되돌
아가는 것 같아 보인다. 즉, 우리가 자기도 의식하지 못한 채 점화
효과에 의해 자동적으로 정보처리를 하기 때문이다. 그렇다면 자
동 정보처리 이론은 파블로프나 스키너처럼 인간을 외부의 강화
에 의해 피동적으로 움직이는 바람개비로 간주하는 것인가? 그렇
지는 않다. 자동 정보처리 이론은 인본주의를 지지하고 인간이 자
유의사를 갖고 자율적으로 행동한다는 것을 지지한다. 다만 우리
의 뇌는 간편한 방법으로 정보처리를 하기 때문에 점화효과와 같
은 현상, 아이러니한 사고(思考)가 발생한다는 것이다. 즉, 우리 뇌
가 정보를 이중 처리하여 우리에게 중요하지 않은 정보는 자동처
리한다. 그러나 중요한 정보는 이를 심사숙고해 처리한다.

  어떻게 생각하면 정보의 자동처리는 카네만과 밀러(Kahneman
& Miller, 1986)가 이야기하는 간편적 사고(heuristic thinking)와 비
슷한 것이다. 카네만과 밀러는 우리가 우리 뇌에 들어오는 수많은
정보를 일일이 다 따져 보고 검사해 처리하지 않는다는 것을 증명
했다. 오히려 간편하게 정보를 처리하는 주먹구구식(rule of
thumb) 사고를 잘한다는 것이다. 자동 정보처리도 이런 간편적 사
고와 비슷한 목적으로 수행된다. 늘상 봐 왔던 것, 자주 익혀 왔던

사실 등은 자연스럽게 우리 몸에 배어 있고 이것은 외부의 유관된 단서자극에 의해 자동적으로 활성화하고 그에 따라 반응한다. 이를 의식적으로 처리하지 않는 이유는 우리 뇌가 불필요한 에너지를 소모하지 않기 위해서다.

따라서 독자들은 인간에 대한 견해에 있어서 자동 정보처리이론이 파블로프와 스키너의 입장과 완전히 일치하지 않는 것임을 알 것이다. 파블로프와 스키너는 인간을 기본적으로 수동적인 존재로 본 반면, 자동 정보처리 이론은 인간을 자율적인 존재로 간주하지만 우리가 정보를 간편하게 처리하려는 욕구 때문에 무의식적으로 정보를 자동처리하는 존재임을 강조한다.

참/ 고/ 문/ 헌/

권영걸(2014). 예술: 창의의 다면체. 한국행동과학연구소(편), 엉뚱한 생
    각. 서울: 학지사.
권준모, 이훈구, 이수정(1998). 사회심리학의 새로운 통로: 사회정보의 자
    동적 처리. 한국심리학회지: 사회 및 성격, vol, 12, 1권, 1-36.
김범준(1997). 내집단 자존감과 차별경험이 내외집단에 대한 정보처리와
    평가에 미치는 영향. 미간행. 연세대학교 대학원 박사학위논문.
이수정(1999). 정서정보에 대한 의식적 · 비의식적 처리(online). 미간행.
    연세대학교 대학원 박사학위논문.
이훈구 역(1990). 산업 및 조직심리학. 서울: 법문사.
이훈구(1997). 사회심리학. 서울: 법문사.
이훈구(2001). 미안하다고 말하기가 그렇게 어려웠나요. 서울: 이야기출판사.
이훈구, 이수정, 이은정, 박수애(2005). 정서심리학. 서울: 법문사.

Ansfield, M., & Wegner, D. M. (1996). The feeling of doing. In P. M.
    Gollwitzer & J. A. Bargh (Eds.), *The psychology of action* (pp. 482-
    506). New York: Guilford Press.
Bandura, A., Ross, D., & Ross, S. A. (1963). Imitation of film-mediated
    aggressive models. *Journal of Abnormal and Social Psychology, 66.*

3-11.

Bargh, J. A. (1989). Conditional automaticity. Varieties of automatic influence in social perception and cognition. In J. S. Uleman & J. A. Bargh (Eds.), *Unintended thought: The limits of awareness, intention, and control* (pp. 3-51). New York: Guilford.

Bargh, J. A., Chen, M., & Burrows, L. (1996). Automaticity of social behavior: Direct effects of trait construct and stereotype activation on action. *Journal of Personality and Social Psychology, 71.* 230-244.

Berkowitz, L. (1984). Some effects of thoughts on anti-and prosocial influences of media events: A cognitive-neoassociation analysis. *Psychological Bulletin, 95,* 41-427.

Blaney, P. (1986). Affect and memory: A review. *Psychological Bulletin, 99,* 229-246.

Bower, G. H. (1991). Mood congruity of social judgements. In J. P. Forgas (Eds.), *Emotion and social judgements.* Oxford: Pergamon Press.

Carver, C. S., Ganellen, R. J., Froming, W. J., & Chambers, W. (1983). An analysis in terms of category accessibility. *Journal of Experimental Social Psychology, 19,* 403-421.

Douhgg, C. (2012). How companies learn your secrets? *New York Times.* 2012년 2월 19일.

Eron, L, D. (1982). Parent-child interaction, television violence, and aggression of children. *American Psychologists, 37,* 197-211.

Fazio, R. H. (1986). How do attitudes guide behavior? In R. M. Sorrentino

& E. Higgins (Eds.), *The handbook of motivation and cognition* (pp. 204-243). New York: Guilford Press.

Fazio, R. H., Jackson, J. R., Dunton, B. C., & Williams, C. J. (1995). Variability in automatic activation as an unobtrusive measure of racial attitudes: A Bona Fide Pipeline? *Journal of Personality and Social Psychology, 69,* 1013-1027.

Ford, T. E., & Kruglanski, A. W. (1994). Effects of epistemic motivation on the use of accessible constructs in social judgement. *Personality and Social Psychology Bulletin, 21,* 950-962.

Gergen, M. (1991). Beyond the evil's empric: Horseplay and aggression. *Aggressive Behavior, 16.* 381-398.

Gilbert, D. T., Pelham, B. W., & Krull, D. S. (1988). On cognitive business: When person perceivers meet persons perceived. *Journal of Personality and Social Psychology, 54,* 733-740.

Hansen, C. H., & Hansen, R. D. (1989). Automatic emotion: Attention and facial efference. In P. M. Niedenthal & S. Kitayama (Eds.), *The Heart's Eye: Emotional influences in Perception and Attention* (pp. 88-113). New York: Academic Press.

Higgins, E. T., Rholes, W. S., & Jones, C. R. (1977). Category accessibility and impression formation. *Journal of Experimental Social Psychology, 13,* 141-154.

Isen, A. M. (1987). Positive affect, cognitive processes, and social behavior. In Berkowitz (Ed.), *Advances in experimental social psychology*

(Vol. 20, pp. 203-253).

Josephson, W. D. (1987). Television violence and children's aggression: Testing the priming, social script, and disinhibition prediction. *Journal of Personality and Social Psychology, 53*, 882-890.

Kahneman, D., & Miller, D. T. (1986). Norm theory: Comparing reality to its alternatives. *Psychological Reviews, 93*, 136-153.

Marcel, A. J. (1983). Conscious and unconscious perception: Experiments in visual masking and word recognition. *Cognitive Psychology, 15*, 197-237.

Martin, L. L., Seta, J. J., & Crelia, R. A. (1990). Assimilation contrast as a function of people's willingness and ability to expend effort in forming an impression. *Journal of Personality and Social Psychology, 59*, 27-37.

Murphy, S. T., & Jajonc, R. B. (1995). Additivity of nonconscious affect: combined effects of priming and exposure. *Journal of Personality and Social Psychology, 69*, 589-602.

Olweus, D. (1997). *Bullying at school.* Blackwell. Oxford, U.K. & U.S.A.

Petty, R. E., & Cacioppo, J. T. (1981). *Attitudes and persuasion: Classic and contemporary approaches.* Dubugue, IA: Brown.

Petty, R. E., & Wegner, D. T. (1993). Flexible correction processes in social judgement: Correction for context-induced contrast. *Journal of Experimental Social Psychology, 29*, 137-165.

Schank, R. C., & Abelson, R. P. (1977). *Scripts, planes, goals, and under-*

standing. Hillside, NJ: Erlbaum.

Schutte, N. S., Malouff, J., Post-Gorden, J., & Rodasts, A. L. (1988). Effect of playing videogames on children's aggressive and other behavior. *Journal of Applied Social Psychology, 18,* 454-460.

Taylor, S. R., & Leonard, K, E. (1983). Alchol and human physical aggression. In R. Geen & E. Donnerstein (Eds.), *Aggression: Theoretical and empirical reviews.* New York: Academic Press.

Wegner, D. M. (1994). Ironic process of mental control. *Psychological Review, 101,* 34-52.

찾/ 아/ 보/ 기/

저자
소개

이훈구(Lee Hoonkoo)

서울대학교 심리학과 및 동 대학교 대학원 졸업
미국 하와이주립대학교 대학원 졸업(심리학 박사)
미국 뉴욕대학교, 독일 괴테대학교, 베를린대학교 교환교수
전 연세대학교 심리학과 교수
　　한국심리학회 회장
　　법심리학회 회장
현 연세대학교 심리학과 퇴임교수
　　바른사회시민회의 복지사회운동본부장

주요 저서
의욕의 심리학(21세기북스, 2008)
신념의 심리학(학지사, 2007)
자서전적 심리학(법문사, 2006)
당신의 행복을 설계해 드립니다(법문사, 2006)
정서심리학(공저, 법문사, 2005)
대학이 변하고 있다(법문사, 2005)
가난의 대물림을 어떻게 예방할 것인가(법문사, 2005)
사회심리학(법문사, 2002)
심리학자 이훈구 교수의 교실 이야기 1, 2(법문사, 2001)
미안하다고 말하기가 그렇게 어려웠나요(이야기출판사, 2001)
사회문제와 심리학(법문사, 2000)
사회를 읽는 심리학(학지사, 1997)
산업심리학(법문사, 1985)

새로운 무의식 세계로의 탐험

−당신의 무의식 세계를 분석하라−

New investigation of the unconscious mind

2015년 5월 20일 1판 1쇄 인쇄
2015년 6월 1일 1판 1쇄 발행

지은이 • 이훈구
펴낸이 • 김진환
펴낸곳 • (주) 학지사

121-838 서울특별시 마포구 양화로 15길 20 마인드월드빌딩

대표전화 • 02-330-5114   팩스 • 02-324-2345

등록번호 • 제313-2006-000265호

홈페이지 • http://www.hakjisa.co.kr

커뮤니티 • http://cafe.naver.com/hakjisa

ISBN 978-89-997-0537-3 93180

정가 13,000원

인터넷 학술논문 원문 서비스 뉴논문 www.newnonmun.com

이 도서의 국립중앙도서관 출판시도서목록(CIP)은 서지정보유통지원
시스템 홈페이지(http://seoji.nl.go.kr)와 국가자료공동목록시스템
(http://www.nl.go.kr/kolisnet)에서 이용하실 수 있습니다.
(CIP 제어번호: CIP2014029616)